Inhalt

Vorwort

Anderes jedoch
Ach, das Meiste
ist doch hundsgewöhnlich.
Dieser Hund zum Beispiel,
oder dass die Vögel fliegen,
dass die Flüsse fließen
und die Ufer bleiben.

Anderes jedoch
ist höchst erstaunlich.
Dieser Hund zum Beispiel,
oder dass die Vögel fliegen,
dass die Flüsse fließen
und die Ufer stehn.
Dass uns solche Dinge
durch die Köpfe gehn.

Jürg Schubiger (2010)

Da haben Sie nun ein Buch in der Hand, auf dessen Einband eine Zusage ausgesprochen wird: qualifiziert unterrichten. Und schon nach dem Titelblatt und dem Inhaltsverzeichnis beginnt die Einführung mit obigem Gedicht, offensichtlich das Motiv der Publikation beschreibend.

Der Titel des Gedichts wie der der Publikation in Ihrer Hand lässt Besonderes erwarten. Aber das Inhaltsverzeichnis lässt erkennen, dass das Gewöhnliche geboten wird, das, was Lernen ausmacht, und besonders das Lernen einer Sprache: Verfahren, Texte zu verstehen, Verfahren, die nach ihrem Verständnis suchen, Verfahren, Texte zu gestalten, sie zu sprechen. Tatsächlich: Wie das Gedicht beschreiben die nachfolgenden einhundertfünfzig Seiten das Gewöhnliche, aber in einer veränderten Beleuchtung. Der Inhalt ändert sich nicht, nur der Modus. Das Gewöhnliche soll Ihnen durch den Kopf gehen, soll in ein anderes Licht geraten. Was heißt es, Texte von nun an als Partitur zu sehen? Was wird aus Lehren und Lernen, wenn es konstruktivistisch bestimmt wird? Was verändert sich, wenn Sprachlernen seine pädagogische Dimension in den Blick bekommt? Bleibt es beim Wechsel der Perspektive oder wird daraus dann sogar ein neues Paradigma?

Setzen Sie sich dem Versuch aus. Sehen Sie Ihre Sprachlerner als Personen, als Persönlichkeiten.

Machen Sie sich frei von der Instrumentalisierung des Sprachunterrichts. Gestalten Sie ihn als Fährboot, um in das Land der zu lernenden Sprache überzusetzen. Spektakuläres wird geschehen. Es bedarf keiner großen Investitionen, nur einer kleinen Änderung des Bewusstseins. Das soll Ihnen durch den Kopf gehen. Und es wird höchst erstaunlich sein, was da Ihr Kopf zu sehen bekommt.
Dazu lade ich Sie ein.

Dieter Kirsch

Für Irmgard

1. Statt einer Einführung – Eine mögliche Unterrichtsstunde

Der Text bezieht sich auf einen Workshop, gehalten auf der ÖDaF-Tagung 2010 in Wien (Kirsch 2011).

Da sitzen sie nun auf zweiunddreißig Stühlen im Kreis, neugierig darauf, wie szenisches Lernen in der Praxis aussehen könnte, wie der Theorie des Konstruktivismus und den Erkenntnissen aus der Hirn-, Narrations- und Rezeptionsforschung ein Weg in den Alltag des Unterrichts gebahnt werden kann. Sie sitzen nicht lange, denn schon bald haben sie einen Satz in der Hand und einen Auftrag im Ohr, diesen Satz mimisch-gestisch darzustellen und danach zu schauen, wer noch diesen Satz erhalten haben könnte. So finden sich mithilfe von drei Sätzen aus dem Bilderbuch „Bärensache“ (Janisch 2008) drei Gruppen und erhalten auch gleich als Gruppe den Auftrag, ihren Satz als ein Standbild, ein Denkmal darzustellen.

Das ist ja zum Aus-der Haut-fahren!
Das finde ich bärenstark!
Jetzt habe ich die Schnauze voll!

Wie in der Skulpturengalerie eines Museums besucht dann jede Gruppe das Denkmal der anderen, umkreist es, macht sich Gedanken und geht schmunzelnd in die Positionen des eigenen Denkmals zurück.

Schon durch diese Aufträge zu Beginn des Workshops lernen die auf den zweiunddreißig Stühlen Grundelemente des szenischen Lernens kennen und mit allen Sinnen erfahren.

- Sprache bekommt nach Sehen und Hören eine dritte körperliche Dimension.
- Das Verstehen wird sichtbar.
- Durch die Übernahme von Rollen werden Sprachlerner zu Personen.

Kreativität ist gefragt und damit divergentes und produktives Denken, und es ist erstaunlich, wie rasch solche Nonkomformität lebhafte Diskussionen auslöst und zu einer lockeren Stimmung führt. Konformer, wenn auch nur kurz, geht es weiter: Der gesamte Bilderbuchtext zu „Bärensache“ von Heinz Janisch wird ausgeteilt, aber jede Gruppe bekommt nur ein Drittel des Textes. Der soll im Gehen und laut vor sich hin sprechend gelesen werden, immer wieder. Ein lärmendes Chaos. Danach trifft man sich wieder in der Gruppe, um das Textverständnis auszutauschen, Vermutungen über die ganze Geschichte anzustellen, aber auch, um seinen

Textteil in drei Standbildern darzustellen. Auch hier müssen wieder alle beteiligt werden. Dazu kommt, dass zu jedem der drei Standbilder ein Satz gesprochen werden soll, integriert in das Bild oder aus dem Off durch einen Erzähler.
Ungewöhnlich dann wieder die Präsentationsform des Gruppenergebnisses: eine vertonte Diashow. Während die Gruppe ihr erstes Standbild baut, halten die anderen ihre Augen geschlossen, und es wird von 5 auf 0 heruntergezählt. Die jetzt geöffneten Augen sehen das erste Bild, nehmen es auf, hören den Satz, schließen wieder die Augen und zwischen 5 und 0 entsteht das zweite Bild.
Durch dieses Ritual wird spielerisch eine Struktur geschaffen, die gerade bei den Methoden des szenischen Lernens und der damit verbundenen Lebhaftigkeit zu notwendigen Phasen der Ruhe und Konzentration führt.
Bleibt noch als Abschluss, die drei Diashows zu ordnen, sie in die Reihenfolge der Geschichte zu bringen.
Es wird Zeit, innezuhalten und über das bisher getane Handwerk zu reflektieren.
Drei Erkenntnisse ergeben sich:

- Texte sind immer auch als Partitur zu sehen, also in Spiel umzusetzen.
- Spielvorlagen ergeben sich aus der Reduktion des Textes.
- Standbilder machen das aus der Reduktion entstandene Textverständnis sichtbar.

Einen Text auf das Wesentliche zu reduzieren ist eine Voraussetzung, um zu einer Spielvorlage zu kommen. Reduktion ist aber auch sonst eine wichtige Kulturtechnik, in der Schule unverzichtbar als Vorarbeit geistiger Arbeit zu lehren.
Auf dem Weg von einem Text zu einer Spielvorlage ist nach der Reduktion dann die Frage zu beantworten, mit welchen Personen sie darstellbar ist. Es werden aus dem Text von Janisch schnell Bär und Direktor gefunden, die Ameisen und die Bärenkirchners, aber in die Geschichte sich hineindenkend werden auch ungenannte Personen genannt wie der Wärter, die Assistenz der Direktion, der Eisverkäufer.
Szenisches Lernen als eine Form des ganzheitlichen Lernens fordert, sich in das Personal einer Geschichte einzufühlen. Das heißt, wieder den Stuhl zu verlassen und nun in einer gewählten Rolle zu gehen, Posen zu suchen, die zur Rolle passen, einen für die Rolle typischen Satz zu sprechen. Wieder entsteht ein lärmendes Chaos, weil das ja alle gleichzeitig tun. Aber rasch führt der nachfolgende Auftrag zur großen Ruhe: Ene Rollenbiografie ist zu schreiben. Sie beginnt mit Ich,

nennt Namen und Alter, den Familienstand, Motive für die Arbeit, Einschätzungen der Situation und der Handlungen, der eigenen, der anderen, alles gespeist aus dem, was der Text an Informationen hergibt, aber auch von dem, was die eigene Lebenserfahrung und Weltsicht bereithält. Die einzige Bedingung: Die Biografie muss stimmig sein, sich in die Vorgaben der Geschichte fügen. Biografien sind schon mit geringen Sprachkenntnissen möglich. Fünf Sätze reichen aus, das Leben als Ameise zu beschreiben: Ich bin eine Ameise. Ich heiße Albert. Der Bär sieht mich nicht. Er tritt auf mich. Ich helfe ihm, eine Wohnung zu finden.
Die Zweiunddreißig verlassen wieder Stuhl und Tisch, nutzen den freien Raum, um mit anderen Personen Rollengespräche zu führen. So trifft die Ameise zum Beispiel den Direktor des Zoos, die Frau Bärenkirchner, bei denen der Bär als Gast wohnt, den Wärter im Bärengehege. Und sie führen Gespräche in ihren Rollen. Das Gespür für die Rolle wächst, auch das Gefühl, in der Rolle zu sein. Beides wird nun getestet. Dazu wird ein sogenannter „Heißer Stuhl" besetzt. Die Fragen der Reporter an den prominenten Gast im Studio müssen aus der Rolle heraus beantwortet werden und verstärken zugleich das Einfühlen in die Rolle.
Diese Verfahren, aus der Theaterarbeit in den Sprachenunterricht übernommen, verhelfen dazu, das Sprachlernen von seinem Instruktivismus zu befreien, es auch wieder zu individualisieren, denn durch die Rollenübernahme ist es möglich, sich selbst in den Lernprozess einzubringen.
Das individuelle Einfühlen in Rollen wird jetzt als Gruppenaufgabe gefordert. Für einen der drei folgenden Sätze ist eine Diashow zu entwickeln. Die Zahl der Bilder ist frei. Zu jedem Dia ist wieder ein Satz zu formulieren.

- Warum der Bär sich bei der Familie Bärenkirchner nicht wohlfühlt.
- Warum sich die Ameisen entschließen, dem Bären zu helfen.
- Warum der Direktor dem Bären anbietet zu bleiben.

Auch die Präsentation der Gruppenarbeit geschieht wieder im bekannten Ritual des Herunterzählens, mit der Überraschung eines neues Bildes, Bilder und Sätze, die sich zu einer Geschichte fügen, die einen Blick in das Innere des Bären gewährt, der Ameisen, des Direktors.
Mit der Sprechmotette bietet sich als Abschluss eine Form an, in der sich die erarbeiteten neuen Inhalte zur Bärengeschichte integrieren lassen, die zugleich aber auch als Verfahren zur Inszenierung des Sprechens einen festen Platz im Sprachunterricht gewinnen sollte.

Wir kennen die großen Motetten von Palestrina, di Lasso, Schütz, Bach, Bruckner, Reger und ihre musikalische Form: unterschiedliche Texte in den verschiedenen Stimmen, aber ein wiederkehrender Rhythmus in der Unterstimme.
Es liegt daher nahe, diese Form in den Sprachenunterricht zu übernehmen, um im szenischen Lernen und chorischen Sprechen ein intensives Aussprachetraining zu gestalten.
Stehend, rhythmisch und gestisch begleitet der ganze Körper das Sprechen. Chorisches Sprechen, lange verpönt, entwickelt sich so zu einem ausgezeichneten Mittel, sich in die Sprache zu trauen. Durch den Wechsel zwischen den Gruppen entsteht, wie in der Musik, Spannung, ist die Dynamik der Sprache körperlich zu erfahren.
Hier ein Auszug aus der zu dem Bilderbuch „Bärensache“ entstandenen Sprechmotette.

A Nur zufriedene Tiere schaffen zufriedene Zoobesucher.
Die Besucherzahlen steigen, dank meiner zufriedenen Tiere.

B Zufriedene Tiere?
Der Direktor irrt.
Schau mal, dort, der große Bär.

C Jetzt habe ich genug.
So geht das nicht weiter.
Das ist ja zum Aus-der-Haut-Fahren.

B Er fährt tatsächlich aus der Haut.
Er reißt sein Maul auf.
Er stapft los.

A Wer kommt da?
Ein Bär?
Ein Bär in Unterhosen?
Gestern der Rocker.
Heute einer mit dem Fell überm Arm.
Die Bären, unsere Problemkinder.
Herein!

C Seit einem Jahr arbeite ich in ihrem Zoo.
Ich schufte wie ein Bär.

B Er arbeitet im Zoo?
Er schuftet?
Der Zoo, das ist doch ein Paradies.
A Setzen Sie sich erst einmal.
Beruhigen Sie sich.
Guten Tag.
Und werfen Sie nicht mit Ameisen herum.
B Schau mal, die Ameisen.
Ganz schön aggressiv.
Wie Flöhe im Fell.
Oder eine Laus im Pelz.
Jetzt tragen sie schon den Stuhl aus dem Zimmer.
A Ziehen Sie bitte das Fell wieder an.
Ich erkenne Sie ja kaum noch.
C Sie werden mich kennenlernen.
Oder die Ameisen räumen Ihnen das Zimmer leer.
B Der ist ganz schön in Fahrt, der Bär.
Er hat halt genug.
A Wo kommen Sie denn her?
Woher kommen all die Ameisen?
C Aus Ihrem Zoo.
Aus dem Garten der Familie Bärenkirchner.
A Das ist doch eine nette Familie.
C Nette Familie.
Vielleicht.
Aber nicht meine Familie
Ich bin da nicht daheim.
Ich bin immer nur Gast.
(...)

2. Vom Ich zur Identität

Sie haben einen ersten Eindruck von einem möglichen Unterricht erhalten. Bevor wir uns aber weiter mit den Verfahren des Sprachlernens beschäftigen, sollten wir haltmachen bei denen, die eine Sprache lernen wollen und die wir in unserem Unterricht in das Land der zu lernenden Sprache übersetzen. Wie gefällt Ihnen das Bild vom Unterricht als Fähre, mit Ihnen als Fährfrau, als Fährmann? Nachdenken über das Ich wird Folgen haben für den Unterricht. Was also sind das für Ichs auf Ihrem Fährboot?

Erst wussten wir gar nicht, was los war.
Plötzlich zog sie vorbei.

Zog vorbei mit ihrer knallroten Lackleder-Omahandtasche.
Stand mächtig unter Dampf.
Wir nichts wie hinterher.
Der mit der feinsten Nase vorneweg.
Und dann? – Dann legte sie los.
„Gehört das so??!“
Dann zog sie weiter.
Also so was.

Wir blieben dran.
Der vorneweg, der am wenigsten auffiel.
„Gehört das so??!"
(Schössow 2005)

So beginnt die Geschichte von Elvis, in die uns Peter Schössow hineinzieht. Sehr rätselhaft, sie, die da vorbeizieht. Das Mädchen mit der knallroten Omahandtasche ist Auslöser für unser Nachdenken über das Ich. Eine Fiktion für Nietzsche am Ende des 19. Jahrhunderts. Heute, am Beginn des 21., hat die neurowissenschaftliche Forschung beachtliche Fortschritte bei der Erkundung des menschlichen Selbst gemacht, die Diagnose Nietzsches bestätigt: Unser Ich ist eine Illusion. Wir finden uns nicht, wir erfinden uns. Alles, was wir über das Mädchen mit der Omahandtasche, über die ganze sechsköpfige Mitfühlgruppe sagen, ist eine Projektion unserer Erfahrung, unseres Weltwissens, unseres Ichs. Jeder unterscheidet sich durch etwas vom anderen, ist daher als Individuum zu identifizieren. Indem ich die Illustration als lebendes Bild nachstelle, jeder Figur eine Haltung gebe, ihr eine Denkblase zuordne, verstärke ich ihre Individualität und die Vielfalt der meinen. Das Einfühlen in die Individuen der Bilderbuchseite führt aber nicht nur zu mir, ich finde nicht nur schon vorhandene Gedanken, ich erfinde auch neue. Die Gedächtnisforschung hat gezeigt, dass Erinnerungen aus kommunikativen Austauschprozessen entstehen, dass Elemente aus Erzählungen und Filmen zur eigenen Realität werden. Sie bestätigt damit die zentrale Einsicht Sigmund Freuds, dass das Ich nicht immer Herr im eigenen Haus ist. Wenn wir diese Einsicht weiterdenken, kommen wir rasch zu der Frage, wie man sich selbst konstruiert und sich selbst versteht. In diesen Einstellungen zur eigenen Person, Selbstkonzepte genannt, muss der Sprache eine zentrale Bedeutung eingeräumt werden. Das Lernen einer anderen Sprache neben der Muttersprache hat dabei positive Auswirkungen auf die Entwicklung von Selbstkonzepten. (Vgl. dazu Prinz, 2010.) Nachdenken über das Ich sollte der Anfang der Elvis-Geschichte auslösen, und wir haben gesehen, welche Vielfalt an Gedanken er auslöst, wenn wir die Illustration als lebendes Bild nachstellen, und welche Einfalt er hinterlässt, wird er nur gelesen und gesprochen. Verfolgen wir Schössows Text weiter.

Dann zog sie weiter.
Das kannten wir ja schon.
Ganz schön merkwürdig, fanden wir.

Und blieben dran.
Der mit dem Koffer vorneweg.
(Weiß der Himmel, was er da drin hat.)
Gehört das so???!
Wir fragten uns:
Was macht die da?
Schulterzucken.
Aber bei allen.
Bis die Lange,
die zu uns gehört, sich traute:
„Was ist eigentlich los mit dir?"
„Elvis ist tot!"
brüllte die Kleine.

„Ja, ja, der Arne ..."
„Wo er so schön singen konnte ..."
„... und so schick mit den Hüften wackeln."
„Tutti Frutti ..."
„Wuff."

„Nicht der Elvis ..."
Sie öffnete ihre knallrote Lackleder-Omahandtasche,
hielt sie uns unter die Nase
und fing an zu weinen.
„... mein Elvis!"
In der Tasche lag ein kleiner gelber Vogel
und war tot.

Übernehmen wir jetzt mal probeweise eine der sieben im Bild angebotenen Rollen: Das Mädchen mit der knallroten Omatasche, die Lange mit dem Jojo, die Frau mit den Flügeln, der Mann mit Hut, der mit dem Koffer, der Hund, der Teddy. Identifizieren wir uns mit ihr, geben wir uns einen Namen, entwickeln ein Bewusstsein von ihr, formulieren es als Rollenbiografie.

Ich bin Heinrich Kümmerer, der Mann mit dem Koffer.
Mein Großvater hat ihn mir vererbt.
Ich sammle darin Sorgen von Menschen.
Begonnen hat es mit dem Tod meiner Frau.
Mit dem Koffer voller gesammelter Sorgen komme ich in den Park.
Jeden Mittwoch treffen wir uns da als Mitfühlgruppe.
Wir suchen eine Lösung für die gesammelten Sorgen.

Unser Körper passt sich der Biografie an, Gang, Gestik und Mimik werden von ihr bestimmt. So lesen wir sie laut beim Gehen, so treffen wir zusammen, führen Gespräche in unserer Rolle. Jeder sieht, wer der andere ist. Jeder versichert sich ständig in den Gesprächen, wer er eigentlich ist. Durch Rollenbiografien und Rollengespräche formt das Ich sein Bewusstsein, wird zu Selbstbewusstsein, und wieder finde ich in der Übernahme von Rollen mein Ich, erfinde ich mich.
Wir erkennen, welche Tiefe der szenische Umgang mit Texten erreichen kann und in welch plattem Land wir uns bewegen, wenn wir in ihnen nur eine Sammlung von zu lernendem Sprachmaterial sehen.
Um das Ich geht es beim szenischen Lernen, das Ich, das im Fährboot unseres Unterrichts sitzt, um überzusetzen in das Land der anderen Sprache. Darum steht es am Anfang unseres Nachdenkens. Dazu gesellten sich die Begriffe Individuum, Selbstkonzept, Identifikation. Auslöser des Nachdenkens war ein literarischer Text, weil er zu uns selbst führt, ein Angebot enthält zur Identitätssuche. „Werde,

der du bist“ heißt es schon in einem der frühesten literarischen Dokumente der Menschheitsgeschichte, der „Odyssee“ von Homer. Darum braucht Sprachunterricht, ganz besonders der nicht muttersprachliche, literarische Texte, helfen sie doch mit ihrem Identifikationsangebot das Selbstkonzept, das System von Einstellungen zur eigenen Person zu verbessern. Vergessen wir nicht: Es ist eine Fahrt in ein anderes Land, nicht nur mit anderen Wörtern, einer anderen Syntax, zuweilen sogar mit ganz anderen Buchstaben. Es sind andere Bilder, Denkweisen, Sprechweisen, Verhaltensweisen. Es ist auch eine Fahrt aus dem Käfig der eigenen Sozialisation. Machen Sie einen kleinen Test. Präsentieren Sie die Illustration mit dem Mädchen, das in seiner aufgeklappten Omahandtasche ihren Elvis vorzeigt.

Lassen Sie nun mit den Ichs Ihrer Klasse drei Standbilder entwickeln, die die Geschichte zu Ende erzählen. Zu jedem Standbild kommt ein Satz. Sie kennen das Verfahren aus der beschriebenen Unterrichtsstunde zu „Bärensache“. Was wird anders als bei Schössow? Interkulturelle Unterschiede werden sich auftun,

Selbsteinsicht wird sich einstellen in die kulturell geprägte Subjektivität, Antworten lassen sich finden über mich und wer ich bin.
So schreibt Schössow seine Geschichte zu Ende.

„Schade, schade ..."
„Ach so, darum ..."
„Wie traurig ..."
„... der Arme ..."
„Wuff."
Ging uns irgendwie nah, das Ganze.
„Eine Erdbestattung",
schlug dann einer von uns vor.
Haben wir auch gemacht,
mit allem Drum und Dran.
Prozession.
Mit Kerze, Kranz mit Schärpe,
Blumen, Weihrauch ...
Abschied.
Ach ja ...
Dann setzten wir uns zusammen.
Trauerfeier mit Bienenstich und Kakao.
Sie erzählte ...
Und wir hörten ...
... wie Elvis ...
... so gewesen war.
Wir weinten ein bißchen, nahmen uns in die Arme und
malten uns aus, wie es wohl werden würde ...
... wenn der eine Elvis den anderen Elvis traf.
Und da mussten wir lachen,
obwohl wir so traurig waren.
Schön war's.

3. Vom identitätsorientierten Sprachunterricht zum szenischen Lernen

Seit Mitte der siebziger Jahre im letzten Jahrhundert gibt es in der Didaktik von Deutsch als Muttersprache eine Tendenz, den Schüler als Person und dessen Identitätsfindung als Leitbegriff in das Zentrum des Unterrichts zu stellen. Es war eine Reaktion auf Erkenntnisse der Wissenschaft, besonders der Soziologie, die sich intensiv mit Problemen der Identitätsfindung auseinandergesetzt hat. Kaspar Spinner war der Hauptvertreter dieser Didaktik (vgl. Spinner 1980). Heute haben Kognitions- und Neurowissenschaften die Erkenntnisse verstärkt und vertieft (vgl. dazu Siefer/Weber 2006, Metzinger 2009, Roeder 2009). Im Schulalltag wird aber dieses Denken nur noch als methodisches Werkzeug in der Form des handlungs- und produktionsorientierten Deutschunterrichts gehandelt.
Im Sprachenunterricht ist daraus *lernerorientiert* geworden. Personen-, persönlichkeitsorientiert aber sollte er sein, wenn wir die wissenschaftlichen Erkenntnisse zum Ich, zur Identität in unseren Unterricht hineinließen.
Bislang habe ich fiktionale Texte als Anschauungsmaterial für meine Arbeitsweise benutzt, weil das Ich ein großes Thema der Literatur ist. Fiktionale Texte aber haben es schwer, durch die durch Niveaustufen und Zertifikate maßgeschneiderte Tür des Sprachenunterrichts zu kommen. Gehen Sie den Weg mit, wie auch ein am Lehrwerk orientierter Unterricht trotz seiner instrumentalisierten Vorgaben szenisch gestaltet werden kann. Auch Lehrwerke enthalten Identifikationsangebote.

Seinen Namen nennen, sich einem anderen vorstellen: Namen sind identitätsstiftend, haben mehr als eine Bezeichnungsfunktion. Fragen wir nach dem Charakteristikum des Individuums. Verfahren des szenischen Lernens helfen uns dabei. Nutzen wir sie, um zum Namen einen ersten kleinen Einstieg zur Person, zur Persönlichkeit zu finden.
Ihre Ichs wählen ein Foto, benutzen es als Spiegel. Sie nehmen die im Foto gezeigten Posen, die gezeigte Gestik und Mimik ein. Aus dem Ich vor dem Spiegel kann natürlich eine Tina werden, eine Antonia. So, sich einfühlend in die Person und die Situation, denkt sich jedes Ich einen zu sprechenden Satz und einen möglichen Gedanken aus. Er wird, markiert als Sprech- und Denkblase, in welcher Sprache auch immer, auf eine Karteikarte geschrieben. Die zwei Karten liegen vor den Standbildern. Ein großer Skulpturenpark ist entstanden und zu besichtigen. Das geschieht auch. Nacheinander durchwandert jedes Ich den Park, betrachtet die Skulptur, liest und amüsiert sich und kehrt an seinen Platz zurück, wird selbst wieder zur Skulptur.
In einem zweiten Durchgang sollen die Skulpturen sich in der Reihenfolge der acht Bilder aufstellen. Die acht Bilder erzählen eine Geschichte. Sie ist auch erzählbar, wenn nicht alle Bilder oder wenn einige mehrfach besetzt sind. Sie können ja darum bitten, die Lücken zu schließen. Die Karten mit den Denk- und Sprechblasen werden dann in der Reihenfolge der Geschichte nummeriert.
Ihre Ichs gehen zurück zu den Tischen, bringen den gesprochenen und gedachten Satz in eine deutsche Fassung. Dabei wandern die Karten von Platz zu Platz. Sie landen auch bei Ihnen und dann über die bisherigen Korrektur- und Übersetzungsstationen zurück zum Autor.
Jetzt kann eine zweite Präsentation beginnen. Die Ichs nehmen ihren Platz ein, Sie zeigen nacheinander auf die acht Gruppen, die beim Deuten in ihren Posen einfrieren und den Satz und, nach einer Pause davon abgesetzt, den Gedanken sagen. Der Film läuft.

Aus dem Vorstellen ist ein erstes Kennenlernen geworden. Mit den Namen verbinden sich jetzt Posen, zu denen Sätze und Gedanken gehören, die den Sprachschatz des Lehrwerks und seine Systematik mit dem aus der Erfahrungswelt der Ichs ergänzen.
Hier nun ein zweites Beispiel, wie szenisches Lernen einen Platz in der Arbeit mit dem Lehrwerk finden kann.

Lassen Sie etwa gleich große Arbeitsgruppen bilden. Ihr Auftrag: das Manga als Ton-Diashow zu präsentieren. Das Verfahren haben Sie sowohl beim Umgang mit dem Bilderbuch „Bärensache“ (S. 7) als auch bei „Gehört das so??!“ (S. 12) kennen gelernt. Gibt es eine lebendigere und zugleich auch effektivere Möglichkeit, Textverständnis zu überprüfen?

Schließlich noch ein drittes Beispiel.

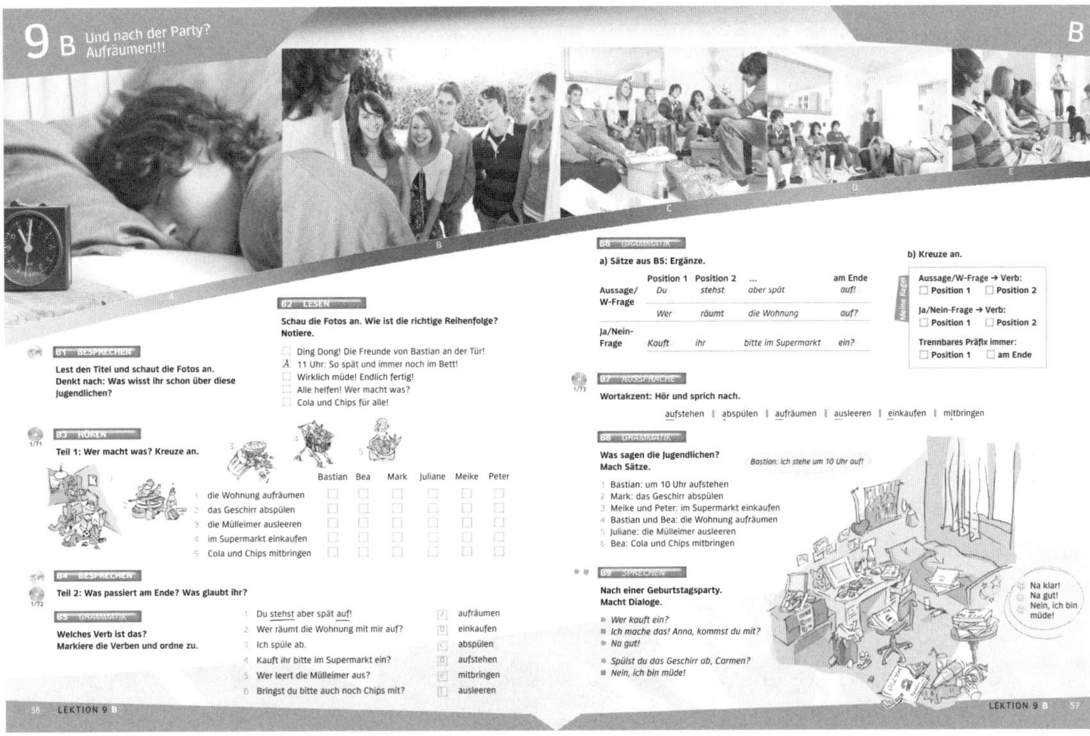

Verwandeln Sie die Jugendlichen auf der Fotoleiste dieser Doppelseite zu lebenden Jugendlichen. Lassen Sie vier Arbeitsgruppen ein Foto als Ausgangspunkt einer Szene wählen. Möglichst nur mit unverzichtbaren Requisiten stellt die Gruppe das Foto nach, friert als Standbild ein und entwickelt daraus eine Geschichte mit einer Pointe, einer überraschenden Wende, die als Ton-Diashow präsentiert wird.

Drei aktuelle Lehrwerke waren es, die das Material lieferten für szenisches Lernen. Die Beispiele zeigten, dass Sprachlernen ein ganzheitlicher Prozess ist, nicht nur Kopfarbeit. Sie zeigten, dass auch Lehrwerke Identifikationsangebote enthalten. Sie zeigten schließlich auch, wie der durch das Lehrwerk präsentierte Text zum eigenen gemacht werden kann und dadurch in einem ersten kleinen Ansatz aus Lernern Personen werden.

4. Von der konstruktivistischen Didaktik zum szenischen Lernen

Das Fährboot mit Ihren Ichs ist wieder einmal angekommen. Der Unterricht beginnt. Auf den Tischen liegt ein fiktives Lehrwerk, aufgeschlagen Kapitel 8: Meine Freunde. Als Brief illustriert:
„Hallo, ich bin Meike. Das ist mein Bruder. Das ist meine Schwester. Wir sind drei Kinder zu Hause. Meine Mutter ist lieb, und mein Vater ist auch sehr nett. Meine beste Freundin heißt Steffi. Und dann habe ich noch einen Hund."
Was passiert in den Köpfen vor Ihnen, wenn sie diese Sätze lesen? Die Köpfe wissen schon, es ist ja das achte Kapitel: Es geht nicht um meine Freunde. Es geht um Verben, Zahlen, Nomen und ihr Geschlecht und darüber ist, sehr passend das Bild, der Lendenschurz eines Briefes geworfen. Meine Freunde, ja, das wäre ein spannendes Thema, besonders, wenn ich keine habe, welche suche, mit welchen im Streit stehe, um welche kämpfen muss, also ein spannendes Thema nahezu immer. Ein solches spannendes Thema löst nun allerhand in den Köpfen vor Ihnen aus, in jedem etwas anderes. Es hat sich ja als eine große Illusion erwiesen, dass Lernen ohne Unterschiede universell für alle Lerner gilt. Viabilität heißt das Zauberwort. Es kommt aus dem Konstruktivismus und bedeutet gangbar, passend, wie ein Schlüssel zu einem Schloss. Es ist ein Gegenbegriff zur Wahrheit von wissenschaftlichen oder objektiven Theorien. Die gefundene Gangbarkeit eines Weges, um ein Problem zu lösen, schließt nicht aus, dass es auch andere brauchbare, gangbare Wege gibt. Erkenntnisse der Hirnforschung stützen den Konstruktivismus und den Begriff der Viabiltät. 100 Milliarden Nervenzellen im Kopf, verknüpft mit rund 100 Billionen Kontaktstellen, den Synapsen, leisten die gewaltige Arbeit des Filterns und Sortierens dessen, was unser Gehirn aus dem herausdestilliert, was als Gedanke und Idee, Sinnesreiz, Empfindung und Erlebnis auf uns einstürmt. Kriterien sind die Paare wichtig – unwichtig und unbekannt – bekannt (vgl. Roth 2011, 138 ff.). Dazu kommt, dass der emotionale Zustand entscheidet, in welchen Bereichen des Gehirns das Destillat abgelegt wird. Manfred Spitzer hat zum Beispiel in Untersuchungen herausgefunden, dass gelernte Wörter in positiv emotionalem Kontext im Hippocampus gespeichert werden, bei negativen Emotionen dagegen im Mandelkern (vgl. Spitzer 2006). Vom ersteren führt der Weg zu langfristigem Speichern von Informationen in der Gehirnrinde und zum kreativen Umgang mit dem Material. Wird dagegen der Mandelkern aktiv, steigen Puls und Blutdruck, wird Körper und Geist auf Kampf

und Flucht vorbereitet. Eine sinnvolle Reaktion, denn kommt von links ein Löwe, ist es ratsam, schnell nach rechts davonzulaufen. Kreative Problemlösungsstrategien wären da lebensgefährlich. Wenn wir darum mit Angst und Druck lernen, bleibt sicher auch was hängen, wir rufen aber mit dem Gelernten immer auch die Angst ab. Der Begriff der Viabilität hat zu diesem kleinen Exkurs in die Hirnforschung geführt.

Nun aber zurück zum Thema Freunde in unserem fiktiven Lehrwerk. Sicher bietet es Vorschläge zum Lesen, zum Sprechen, zum Hören, zum Basteln, zum Spielen. Gepaart mit der Kreativität der Lehrerin, des Lehrers lassen sich sicher positive Emotionen entwickeln. Was aber wird gelernt? Wörter. Strukturen. Wörter und Strukturen einer anderen Sprache, aufgeklebt auf Bekanntes in der Muttersprache, ohne großen inhaltlichen Bezug zu den Lernern selbst. Und wie soll das gelernt werden? Instruktivistisch. Das Mehrwissen der Lehrenden, vorgegeben im Lehrwerk, steckt in seinen Fragen und Aufgaben. Das Material für die Lösung ist vorstrukturiert, ist nur noch zu finden. Wie alt ist dein Bruder? Wie heißt deine Schwester? Osterhasendidaktik.

Seit Konfuzius, also seit rund 2500 Jahren, könnten wir es wissen, spätestens aber seit dem Beginn des 20. Jahrhunderts mit der Philosophie und Pädagogik eines John Dewey: Lernvorgänge sind als Handlungsvollzüge zu sehen, in denen Wissen und Verhalten über Handlungen vermittelt werden. Wir wissen es auch aus eigener Erfahrung: Lernen ist keine Wissensübertragung von Person zu Person. „Erzähl es mir und ich vergesse. Zeige es mir und ich erinnere mich. Lass es mich tun und ich verstehe." Diese konfuzianische Weisheit ist vor rund 30 Jahren auch empirisch wieder einmal bestätigt worden. 2002 hat „DIE ZEIT" über die Untersuchung der American Audiovisual Society an die sinnliche Spur der Erinnerung erinnert. Der Mensch behält von dem, was er liest, 10 %, von dem, was er hört, 20 %, was er sieht, 30 %, von dem aber, was er selbst ausführt, 90 % (vgl. Chighini/Kirsch 2009, 13).

Wenden wir uns wieder der konstruktivistischen Didaktik zu und zu dem, der sie geprägt hat; John Dewey. Sie wird von folgender Grundthese getragen, formuliert von Kersten Reich, Professor an der humanwissenschaftlichen Fakultät der Universität Köln.

> *„Die Menschen greifen durch ihre Handlungen, mit ihren Erfahrungen, im Testen der Wirklichkeit durch Experimentieren, Ausprobieren, durch ihr Tun*

umfassend in die Konstruktion dessen ein, was ihnen dann als Natur der Dinge oder als Fortschritt in der Kultur erscheint. Sie dürfen dabei aber nicht vergessen, dass ihre Konstruktionen und Versionen von Wirklichkeit, die sie in einer Zeit schaffen und folgenden Generationen hinterlassen, kein einfaches Abbild einer Welt sind, in der alles schon vorentschieden, vollständig oder irgendwie abgeschlossen und sicher ist. Vielmehr gehört es zum menschlichen Entdecken und Erfinden, dass immer neue Welten und Versionen über sie gebildet werden können, ohne dass dies allerdings gleich als willkürlich und beliebig erscheinen müsste."
(Reich 2008, 75)

Nach Reich sind wir also Konstrukteure unseres Lebens. Wahrheit in diesem Kontext zeigt sich also nicht in einer Realität, die wir nur noch finden müssen. Es ist der Mensch, das Subjekt, das Wahrheiten herstellt. Es ist der Mensch, der seine Realität konstruiert. Das heißt aber nicht, dass wir die Welt im Sinne einer Schöpfung erfinden. Das heißt nur, dass wir die Welt, vermittelt über unsere Konstruktionen, darstellen. Neurologen bestätigen auch diese Aussage. Unsere Erinnerungen werden jeden Tag neu geboren. Unser Gehirn ist keine biologische Computer-Festplatte. Es ist nicht daran interessiert, Geschehenes, Wahrgenommenes möglichst exakt zu konservieren. Es ist kein Archiv des vergangenen Lebens. Es ist ein willfähriges Instrument zur Bewältigung der Gegenwart. Es versucht, unser Selbstbild zu stärken, zum Beispiel der Lebensgeschichte im Rückblick Sinn und Form zu geben.
Versuchen wir, diese Gedanken zu konkretisieren. Bleiben wir beim Thema Freunde. Wenden wir uns einer der Bildgeschichten zu in Paul Maars „Anne will ein Zwilling werden" (1982). Anne, fünfeinhalb Jahre alt, hat tausend Fragen, zum Beispiel die: Warum werde ich nicht schneller größer? So groß wie mein Bruder Hannes? Der ist schon neun und darf viel mehr als ich. Anne findet das furchtbar ungerecht und beschließt ganz einfach, Hannes' Zwilling zu werden. In neunzehn Geschichten und Bildergeschichten führt uns Paul Maar in Annes Welt und Denken.

In sechs knappen Dialogpaaren lernen wir Anne kennen. Wir können es auch sehen, das gewitzte, selbstbewusste Mädchen. Schnell können wir uns mit ihr identifizieren. Schnell gewinnt sie unsere Sympathie. Diese positive emotionale Reaktion ist ein erster Schritt, um sich in Anne einzufühlen.
Zugleich erkennen wir in Hannes den unter Annes Pfiffigkeit leidenden Bruder. Sein Nein und die Reaktion seines Freundes definieren das Problem: Warum ist Hannes so hart gegenüber seiner Schwester? In Standbildern kann nun sichtbar werden, was sich in den Köpfen der drei zum Beispiel im dritten Bild abspielt: Annes Raffinesse, die Naivität des Freundes und Hannes' Erfahrung mit seiner Schwester. Die einfachen Sätze der Sprechblasen werden in die Körpersprache der Leser übersetzt. Paul Maars Text wird handelnd zu dem des Lesers. Lernen, auch Sprachlernen, ist ein pragmatischer Prozess, ist immer im Vollzug von Handlungen zu situieren.
Szenisches Lernen, geprägt von den Erkenntnissen des Konstruktivismus, geht also davon aus, dass immer die innere Struktur der Person bestimmt, wie sie sich mit Anregungen auseinandersetzt. „Lehren ist nicht die Vermittlung und Lernen ist nicht die Aneignung eines extern vorgegebenen ‚objektiven' Zielzustandes, sondern Lehren ist die Anregung des Subjekts, seine Konstruktion von

Wirklichkeit zu hinterfragen, zu überprüfen, weiterzuentwickeln, zu verwerfen, zu bestätigen etc." (Werning 1998). Im szenischen Lernen wird das ganzheitlich versucht: emotional bei der Präsentation des Problems, intellektuell bei seiner Definition und der Hypothesenbildung, handelnd beim Testen und Experimentieren der Lösungen.

5. Verfahren des szenischen Lernens

Sie haben einen ersten Eindruck vom szenischen Lernen gewinnen können. Sie haben von der Erkenntnis erfahren, dass Lernen ein konstruktiver Prozess ist, keineswegs ein Aneignungs- und Abbildungs-Lernen. Wissen existiert im Lernenden, wird leiblich-sinnlich, affektiv und pragmatisch um- und selbstorganisierend ausgebaut. Entscheidend ist, motiviert eine eigene Perspektive auf sein Lernen einzunehmen. Ergebnisse der Hirnforschung sichern diese Erkenntnis.

5.1 Inszenierungen des Verstehens

„Verstehst du auch, was du liest?“ Mit dieser Frage von Philippus an den äthiopischen Kämmerer beginnt der erste in der Bibel belegte christliche Bekehrungsversuch eines Nichtjuden. Lukas, der Autor der Apostelgeschichte, formuliert damit etwa 80 nach Christus eine Standardfrage, die heute noch, auch ungehört, der Motor jeder unserer Unterrichtsstunden ist. Die Lehre vom Verstehen, Hermeneutik genannt, ist nach Schleiermacher die Kunst, die Rede eines anderen richtig zu verstehen. Hunfeld verweist in seiner skeptischen Hermeneutik auf die Grenzen des Verstehens. „Diese ergeben sich aus der Neigung, das jeweils unbekannte Fremde vor allem unter der Perspektive des Eigenen wahrzunehmen. Die skeptische Verstehenslehre entwickelt sich deshalb aus der langen Tradition solch grundlegender Missverständniserfahrungen und wird übrigens schon durch die bloße Alltagserfahrung selbst im eigensprachlichen und privaten Bereich fortlaufend bestätigt.“ (Hunfeld, 2004, 486 f.). Hunfeld war es auch, der darauf hinwies, dass Verstehen sich aus Fragen entwickelt, die den Lerner als Person berühren und auf die er für sich eine Antwort sucht. Er fügt hinzu: Wird er nicht durch Unterricht behindert. „Der traditionelle Fremdsprachenunterricht hat den Fragecharakter der Literatur bisher nicht genügend beachtet. Das hat Folgen gehabt: Entweder hat sich der Lehrende im eigentlichen Literaturunterricht mit seiner Vorinterpretation und Lehrabsicht zwischen Literatur und Leser gestellt und hat so diese fremde Einzelstimme nicht zum individuellen Leser sprechen lassen. Oder der pragmatisch und situativ orientierte Fremdsprachenunterricht hat – geleitet durch das Fehlverständnis eines philologischen Literaturbegriffs – Literatur als Störung empfunden.“ (Hunfeld, 2004, 488)

5.1.1 Szenische Interpretation

Szenisches Lernen inszeniert Verstehen unter Berücksichtigung all dieser Einwände. Wieder können wir auf Dewey, wieder auf Konfuzius zurückgreifen: Ich höre und vergesse. Ich sehe und behalte. Ich handle und verstehe. Der didaktische Schlüsselbegriff ist dabei die szenische Interpretation, ein Verstehen durch Gestalten. Durch Handeln mache ich mein Verstehen sichtbar und sichere zugleich das Verstandene. Eine Unterrichtsbeschreibung zu diesen Gedanken.

Der Raum so hell,
das Bett so leer,
und doch ist mir,
als wär' da wer.
Ist er gefährlich?
Ist er lieb?
Ist er ein Gast?
Ist er ein Dieb?
Ob er mich mag?
Ob er mich frisst?
Wüsst' ich nur, wer
im Zimmer ist!

Robert Gernhardt (1976)

Wir betreten einen hellen, menschenleeren, aber uns fremden Raum, bleiben mit dem Rücken zur Tür in ihm stehen. Lassen Sie mit diesem Impuls Posen suchen und einnehmen. Geben Sie die ersten vier Verse vor, als Tafelanschrieb, als Projektion. Teilen Sie nun die sechs Fragesätze des Gedichts mehrmals an Zweiergruppen aus. Standbilder sollen die sechs Fragen visualisieren. Sie zeigen das Verstehen der Schlüsselbegriffe jeden Verses, ein Vergleich der sicherlich unterschiedlichen Standbilder das individuell unterschiedliche Vorwissen. Beim Gang durch den Skulpturenpark der Standbilder hört jeder Besucher die dargestellte Frage. Nun lassen Sie die Standbilder ordnen: Nach Gegensätzen, wie gefährlich – lieb, wie Gast – Dieb und nach dem Aspekt der Frage: „Ist er?“, „Wird er?“ Schließlich lassen Sie ausprobieren, in welcher Reihenfolge die sechs Fragen sich an die vier Eingangsverse anschließen könnten. Jede gefundene Lösung wird gesprochen, das Gehörte auf Stimmigkeit überprüft. Reim und Perspektivwechsel werden zur Hilfe.

Dann die Freigabe der letzten zwei Verse des Gedichtes mit dem Wechsel des Akzentes auf den des Anfangswortes. Die sich darin ausdrückende gesteigerte Expressivität des Wunsches „Wüsst ich nur", baut einen Spannungsbogen auf, der zwingend des Autors Reihenfolge festlegt. Ein kleines Gedicht zeigt große Kunst. Solche szenische Arbeit ist möglich, weil Texte, ob lyrisch, episch oder dramatisch, immer unvollständig sind. Spielvorlage zu sein ist bei dramatischen Texten offensichtlich, obwohl auch sie im Sprachunterricht meist nur Lesestoff bleibt. Hugo von Hofmannsthal hat in seiner Rede über Max Reinhardt auf das „Inkomplette" dieser Texte hingewiesen (1979). Wir können diesen Gedanken auf alle Texte übertragen, sogar auf die aus Lehrwerken, wie schon gezeigt wurde (s. S. 18 f.). Es war die Rezeptionsforschung, begonnen in den sechziger Jahren des letzten Jahrhunderts, die diesen Schluss bestätigte. Nach Wolfgang Iser ist Lesen eine konstruktive Tätigkeit, die über den Textgehalt und die Autorenintention hinausgeht (vgl. Iser 1976).

Nach ihm füllt der Leser Leerstellen des Textes, Unbestimmtheitsstellen. Dabei führt aber nicht nur der Text, es führen auch die Bedürfnisse und Erfahrungen des Lesers Regie. Mit dem Leerstellenbegriff wird ein produktionsorientierter Literaturbegriff begründet, in dem die Eigenarten literarischer Strukturen durch die Produktion eigener Texte erfahrbar gemacht werden (vgl. Waldmann 1984). Wie in der Bildgeschichte von Paul Maar (s. S. 24 f.) gezeigt, kann der Begriff aber auch dazu dienen, eine Fremdperspektive zu übernehmen und mithilfe kreativer Verfahren Möglichkeiten der Selbsterfahrung zu schaffen und zu einem identitätsorientierten Literaturunterricht zu kommen (vgl. Spinner 1980). Scheller schließlich geht davon aus, dass die „Szenen nur verstanden werden können, wenn der Leser sie sich als reale Situation vorstellt. Leer- und Unbestimmtheitsstellen können daher aus der Differenz zwischen dem Dargestellten und dem Vorgestellten erschlossen und mit szenischen Verfahren konkretisiert werden" (Scheller 2004, 28). Und im Sprachenunterricht, falls Literatur überhaupt einen Platz darin bekommt? Unsere Beispiele zeigen: Wir fragen, wo der Text spielen könnte. Wir fragen, wer an der Szene beteiligt sein könnte, was sie denken, tun. Wir situieren, personifizieren, aktionieren einen Text, sehen den Text als Partitur. In einem so persönlichkeitsorientierten Sprachenunterricht spielt Literatur eine wichtige Rolle, ermöglicht sie doch, genauso wie das Lernen einer anderen Sprache, eine zweite Sozialisation. Sie führt zum kreativen Lernen mit der Neugierde als Motiv, zum divergenten Denken für das Finden angemessener Lösungen zu einem Problem. Literatur

unterstützt schließlich soziales Lernen, da unterschiedliche Kulturen auch unterschiedliche Interpretations- und Erwartungsschemata erzeugen. Literatur wird wie Sprache zum Mittel. Sie verliert ihren Charakter als philologisches Denkmal.
Das Nachdenken über die szenische Interpretation, der didaktische Schlüsselbegriff bei der Inszenierung des Verstehens, muss nun auch noch beim Begriff der Szene verweilen. Das innere Bild, das nach Iser beim Lesen inszeniert wird, lässt sich als Szene bezeichnen, „eine räumlich und zeitlich begrenzte soziale Situation, in der Menschen mit bestimmten Intentionen und Erwartungen, Wahrnehmungen und Gefühlen körperlich und sprachlich (inter-)agieren und sich wechselseitig zueinander in Beziehung setzen. Dabei ist der Körper mit all seinen Sinnen konstituierend. Was der Mensch wahrnimmt, gehört zur Szene: der Raum, die Gegenstände, Menschen mit ihren Bewegungen und Handlungen, Geräusche und Gerüche, Geschmack, Berührungen und die Temperatur, aber auch Vorstellungen und Emotionen, die mit diesen Eindrücken verbunden werden“ (Scheller, 2004, 22). Szenen werden im szenischen Gedächtnis gespeichert, mit neuen verknüpft, beeinflusst, gesteuert. Visuell organisiert, reicht das szenische Gedächtnis in tiefe Schichten der Persönlichkeit. Die beim Lesen hervorgerufenen szenischen Vorstellungen hängen stark von den im Gedächtnis gespeicherten ab. Akzente, die wir setzen, werden vom Prinzip der Selbstbestätigung gesteuert. Wir malen aus, was uns gefällt, wehren ab, womit wir nichts zu tun haben wollen. Wir finden uns nicht, wir erfinden uns, erkannten wir bei Schössows Text über das Mädchen mit der roten Omatasche (s. S. 12 ff.).
Versuchen wir wieder, das bisher zur szenischen Interpretation Erkannte in eine Unterrichtsbeschreibung zu packen.

Auf einem Markt in Bengalen
nahm ein Tiger sich Würstchen vom Stand.
Die aß er ohne zu zahlen.
Dann ging er fort über Land.
Ja, ist das ein Betragen?
Doch traute sich keiner was zu sagen.

Josef Guggenmos (2006)

Lassen Sie drei Gruppen bilden und geben Sie den ersten Vers vor: Auf einem Markt in Bengalen.

Welche inneren Bilder entstehen in den Köpfen? Fordern Sie auf, diese inneren Bilder in ein lebendes Bild, in ein Tableau vivant, umzusetzen. Keiner wird wohl an Bangladesch denken, das Land der Bengalen, vielleicht aber an den bengalischen Tiger. Deutschlerner in Paris, in Moskau, in Barcelona, in Taschkent, ihre Marktbilder werden sich sehr unterscheiden. Allen wird eine gewisse Exotik eigen sein, ausgelöst von der Ortsangabe. Fehlt der Wurststand, was wahrscheinlich ist, muss er unbedingt noch aufgenommen werden. Auf unserem Markt in Bengalen gibt es auch Würste. Fügen Sie die drei Märkte zu einem großen Bild zusammen. Sie animieren, dass das lebende Bild sich jetzt bewegt, bunt wird, laut. Vielleicht können Sie noch eine passende Musik dazugeben. Füttern Sie die Szene mit allen Zutaten, die Schellers Definition liefert. Auch das, was man riecht, muss man sehen können.

Legen Sie jetzt die Folie mit dem Foto eines bengalischen Tigers, eines Königstigers, auf. Alles erstarrt, die Musik schweigt. Sie sprechen die ersten vier Verse. Jeder Marktbesucher und Marktbetreiber überlegt, wie er während der vier Verse reagieren würde. Die Szene wird jetzt mit den in Zeitlupe ausgeführten Bewegungen stumm wiederholt, erstarrt. Sie nehmen die Folie weg, regen zu Debatten an über das Geschehene, pantomimisch. Wieder lassen Sie die Szene einfrieren. Beim Gang über den Markt fragen Sie einzelne Spieler, was sie gerade gesagt oder gedacht haben. Gedanken-Stopp wird dieses Verfahren genannt. Sie notieren die Antworten, sie könnten auch in der Muttersprache sein, auf Deutsch auf Karteikarten, drücken dem Spieler die Sprech- oder Gedankenkarte in die Hand. Sie wiederholen die ganze Szene, nur dass jetzt nach dem Verschwinden des Tigers die notierten sprachlichen Reaktionen zu hören sind. Bei dieser Wiederholung beenden Sie die Szene mit dem sechsten Vers.

So praktizierte szenische Interpretation, solch ein Lesen als Inszenierung sieht Sprachenlernen nicht mehr als einen geradlinigen Prozess, von einem Lehrwerkmodul zum anderen, an dessen Ende ein Zertifikat steht. Stattdessen werden hier bekannte Sprachelemente aufgenommen, zusammengeführt, erweitert. Sprache wird ganzheitlich in konkrete sinnliche Bilder übersetzt, mit Handlung und Emotionen erlebt. Bei den Reaktionen auf den Wurstklau mittels Macht können erste Einfälle natürlich noch ergänzt, zur ganzen Palette menschlicher Reaktionen auf solche Ungerechtigkeit ausgebaut werden. Legen Sie doch einfach statt des Tigers die Folie eines aktuellen Falls, das Foto eines Mafia- oder Drogenbosses, eines Diktators, eines korrupten Politikers auf den Projektor, und das kleine Kindergedicht gerät zur Beschreibung der großen Welt.
Sie haben Verfahren kennengelernt, mit denen Verstehen sichtbar, inszeniert werden können. Sie wissen jetzt, wie Standbilder die beim Lesen entstandenen inneren Bilder sichtbar machen können. Standbilder dienen der szenischen Interpretation, zeigen Verstehen durch Gestalten. Lösen wir Standbilder aus dem Kontext, abstrahieren wir die Aussage, sprechen wir von Skulpturen, die sich zu einem begehbaren Skulpturenpark ordnen lassen. Aus Standbildern können schließlich lebende Bilder entstehen, Tableaux vivants. Handwerkliche Techniken für diese Verfahren sind aus der Kiste der Theaterarbeit, auch Zauberwörter wie einfühlen und einfrieren, aus der Verhaltenstherapie kommt der Gedanken-Stopp.

5.2 Inszenierungen des Sprechens

Im Sprechen steckt immer auch etwas von der Person, die da spricht. Eine Person offenbart sich durch den Klang ihrer Stimme. Das lateinische personare, hindurchtönen, verweist darauf schon als etymologische Wurzel. Sprechen im Sprachenunterricht ist meist viel zu leise und ängstlich. Führen Sie darum immer mal wieder ein Stimmtraining durch. Nach dem Modell des Trimm-dich-Pfads hat Papst-Weinschenk (2001) acht Stationen entwickelt, die, beliebig im Raum verteilt, von allen besucht werden sollen. An jeder Station befindet sich eine Beschreibung und eventuell eine Wortkarte. Im Gegensatz zur durchnummerierten Vorlage ist die nachfolgende Stimm-Bewegungsaktion als Lernwerkstatt gedacht, die Reihenfolge der Stationen ist also freigegeben. Bilden Sie darum nicht mehr als fünf Gruppen, damit jede Gruppe die Chance hat, immer eine freie Station vorzufinden.

Es empfiehlt sich, die einzelnen Stationen und ihre Beschreibung auf Unterrichtsstunden verteilt einzuführen und einzuüben.

5.2.1 Stimm-dich-Pfad

Das bei den nachfolgenden Stationen gebrauchte Wortmaterial ist aus dem Bilderbuch „Bärensache“ genommen, sollte stimmlich auf den Text einstimmen.
Ziele:

- Sensibilisieren für physiologisch-richtigen Stimmgebrauch, ästhetisch gestaltet.
- Erfahren, dass durch Körperarbeit die Stimme sich entfaltet, dass der Stimmklang abhängt von Atmung, Haltung und Intention.

Der Stimm-dich-Pfad beginnt mit einer gemeinsamen Übung, dem Dirigieren.
Jeder steht wie vor einem imaginären Orchester, hat Blickkontakt zu jeder der acht Stationen, als wäre es eine Instrumentengruppe.
Aus den Knien heraus leicht federn.
Arme angewinkelt auf mittlerer Höhe.
Durch das Dirigieren soll der Körper sich aufrichten und ein Bewusstsein für Teile des Körpers, wie die Arme, Hüfte und Beine, geschaffen werden. Mit den Bewegungen des Dirigierens wird uns auch die Atmung bewusst, da beim Heben der Arme automatisch Luft einströmt, die uns beim Senken der Arme wieder verlässt. Seinen Körper so zu erfahren, hat Gerda Alexander Eutonie genannt, also eine ausgewogene harmonische Spannung. Alexander war in ihrem Studium und ihrer Ausbildung als rhythmische Bewegungslehrerin stark von der Reformpädagogik geprägt.

Station 1
Sich recken, strecken und gähnen
Bildet einen Kreis.
Schaut euch gegenseitig an.
Streckt die Arme, spreizt die Hände, krallt die Zehen.
Öffnet den Mund: gähnt.
Urlaute entweichen dem Mund.
Wiederholt das Sichwachgähnen.
Die Übung vergrößert den Resonanzraum und aktiviert das Zwerchfell.

Station 2

Summen

Bildet einen Kreis, mit Blick nach außen.

Fasst euch an.

Summt wie eine Hummelherde beim Anflug auf ein Kleefeld.

Die Übung spricht die inneren Kehlkopf-Muskeln an. Sie wirkt wie eine Massage für die Stimmlippen.

Station 3

Kolibriflattern

Kolibris müssen sehr rasch mit den Flügeln schlagen, um nicht abzustürzen.

Stellt euch in ein Viereck, mit Blick aufeinander.

Breitet die Arme aus und spannt sie bis die Fingerspitzen.

Bewegt die Arme bei festem Stand in kurzen, federnden Bewegungen.

Sagt dazu: Ich habe die Schnauze voll.

Ziehen Sie Ihr Fell wieder an.

Lasst nach dem Flattern mit gebeugtem Oberkörper die Arme ausbaumeln.

Die Übung führt zur Zwerchfellatmung, korrigiert die fürs Sprechen ungesunde Hochatmung.

Station 4

Ball prellen

Stellt euch in einer Reihe gegenüber.

Prellt einen imaginären Ball wie beim Basketballdrippeln mit einer Hand vor euch auf den Boden.

Sprecht dazu:

Ich arbeite im Zoo.

Ich wohne in Untermiete.

Ich lasse mich nicht verschaukeln.

Bei jedem Prellen öffnen sich die Lippen, wird die Atmung abgespannt. Man kann die Zwerchfellbewegung am Bauch spüren und ertasten.

Station 5

Wörter losschießen

Stellt euch in Schrittstellung seitwärts in einer Reihe hintereinander.

Imitiert Bogenschießen: Spannen. Loslassen.

Jeweils beim Lösen der Spannung schießt ihr ein Wort los.
Mögliche Wörter:
Schnauze
Direktor
Ameisen
Ehrensache
Die Übung trainiert den Aufbau von Körperspannung beim Sprechen.

Station 6

Springseil schlagen
Stellt euch mit Abstand paarweise gegenüber.
Schlagt rhythmisch ein imaginäres Seil.
Ruft dazu:
ordentlicher Mietvertrag
Haselnuss, Banane
Ehrensache, Bärensache
Die Übung führt automatisch zu einer zweckmäßigen Atmung.

Station 7

Wörter pflücken
Stellt euch in einen Kreis um einen imaginären Apfelbaum.
Streckt die Arme.
Ihr wollt Äpfel pflücken.
Beim Abpflücken des Apfels sprecht ihr ein Wort.
Legt das Wort wie einen Apfel in einen Korb.
Die zu pflückenden Wörter:
Bär
Haut
Fell
Höhle
Die Übung ermöglicht, das Spannen und Lösen beim Sprechen zu erleben.

Station 8

An der Wand lehnen
Lehnt euch in einer Reihe nebeneinander so an die Wand, dass ihr vom Kopf über den ganzen Rücken einen festen Kontakt mit der Wand spürt.

Die Füße sind zwanzig Zentimeter von der Wand entfernt, die Knie leicht gebeugt.
Sprecht, ohne die Position zu verändern und ohne Blickkontakt zueinander:
Ich fühle mich wie ein Gast!
Werfen Sie nicht mit Ameisen herum!
Ich lasse mich nicht verschaukeln!
Ich lasse mir keinen Bären aufbinden!
Die Wand unterstützt die aufrechte Haltung und die optimale Kopfposition.
Wer so spricht, hat eine gute Resonanz.

5.2.2 Gestaltendes Sprechen

So die Stimme immer wieder trainiert, das Wortmaterial kann ja auch aus dem laufenden Unterricht kommen, können wir uns einem Verfahren zuwenden, das in der Deutschdidaktik als gestaltendes Sprechen einen Platz gefunden hat. Es hat eine lange Tradition in der musischen Erziehung, gedacht als Gegengewicht zur Funktionalisierung von Lernen und Bildung. So soll auch gestaltendes Sprechen seinen Platz finden als szenisches Lernen in einem konstruktivistischen Sprachenunterricht. 1809 schon schrieb Wilhelm von Humboldt, zitiert unter www.fachdidaktik-einecke.de, es gehe nicht nur darum, Kinder lesen, schreiben und rechnen lernen zu lassen, „sondern dass alle Hauptfähigkeiten seines Körpers und seiner Seele in möglichster Zusammenstimmung entwickelt und geübt werden".
Als Klang- und Verstehenserfahrung soll gestaltendes Sprechen benutzt werden, Texte sollen zum Klingen gebracht werden, um sie besser zu verstehen. Wieder ein Unterrichtsbeispiel. Den Inhalt liefert der Dadaist Hans Arp (1963).

Sekundenzeiger
daß ich als ich
ein und zwei ist
daß ich als ich
drei und vier ist
daß ich als ich
wieviel zeigt sie
daß ich als ich
tickt und tackt sie
daß ich als ich

fünf und sechs ist
daß ich als ich
sieben acht ist
daß ich als ich
wenn sie steht sie
daß ich als ich
wenn sie geht sie
daß ich als ich
neun und zehn ist
daß ich als ich
elf und zwölf ist

Andreas Thalmayr, wieder einmal das Pseudonym für Hans Magnus Enzensberger, benutzt das Gedicht als erste Hilfe für das Verstehen von Lyrik, auch gegen das Vorurteil, Lyrik sei nur einem exklusiven Leserkreis zugänglich (Thalmayr 2004, 16). Wie lässt sich nun der Tanz der Wörter und Sätze inszenieren, wie Sprache in ihrem Klang, ihrer Metrik erfahren?
Lassen Sie Ihre Ichs wieder einmal durch den Raum gehen und laut den Text lesen, immer wieder. Dazu schlägt ein Metronom. Formen Sie aus dem Durcheinander eine Schlange, aus der Schlange zwei Kreise, einen Innen- und Außenkreis. Der Innenkreis ist das Schlagwerk der Uhr. Er spricht immer den Vers „daß ich als ich". Der Außenkreis ist der Stundenzeiger der Uhr. Er spricht jeden zweiten Vers. Der Innenkreis geht immer, schweigt aber, wenn der andere Vers gesprochen wird. Der Außenkreis geht nur, wenn er spricht, steht also, wenn der Innenkreis spricht. Sprache mit der ganzen Person, per sonare erfahren und präsentieren, das wird durch gestaltendes Sprechen möglich.

5.2.3 Rollengespräche und Rollenbiografie

Seit in den siebziger Jahren des letzten Jahrhunderts kommunikative Kompetenz zum Lernziel des Sprachenunterrichts erklärt wurde, finden sich zunehmend in den Lehrwerken vorgegebene Rollenspiele oder die Aufgabe, nach diesen Vorlagen neue zu entwickeln. Ein Beispiel aus einem fiktiven Lehrwerk:

● Entschuldigung!
■ Ja, bitte!

- Wie viel kostet der Pullover?
- 29 Euro. Möchtest du ihn anprobieren?
- Ja, gern!

Daneben finden sich dann noch Zeichnungen von sechs anderen Kleidungsstücken, alle mit einem Preisschild versehen. Wie lässt sich damit ein identitätsorientierter Sprachenunterricht organisieren?

Lassen Sie ein Kleidungsstück wählen und eine Pose einnehmen, an der man ablesen kann, zufrieden mit der Wahl zu sein. Von der Pose geht es zum Gang über den Laufsteg: Das Kleidungsstück muss präsentiert werden. Aber bei jedem gibt es eine Macke: Es ist zu weit oder zu eng, zu kurz oder zu lang, es juckt, der Verschluss passt nicht, eine Naht geht auf. Sie finden sicher noch mehr. Die Macken stehen auf der Rückseite der Preisschilder. Nach dem Laufstegauftritt haben die Models drei Fragen zu beantworten.

Was hier als Zutat zum Lehrwerktext kommen, entwickelt werden muss, brauche ich in einem literarischen Text nur noch auszuwickeln. Nehmen wir wieder einmal als Beispiel eine der Bildergeschichten von Paul Maar in „Anne will ein Zwilling werden“.

Sie benutzen wieder den Dreischritt zum Aufbau einer Szene: situieren, personifizieren, agieren. In einer Ecke des Unterrichtsraums wohnt Anna. Sie haben sie schon kennengelernt, als sie von ihrem Bruder Hannes auch seine Mütze für ihren Schneemann haben wollte (s. S. 25). Sie sitzt am Tisch und denkt nach. Wer übernimmt die Pose von Anne und deren Rolle? Und wo ist der Rest der Familie, und was tut er? Und wie sieht Holger und seine Familie in der anderen Ecke des Unterrichtsraums aus? Und die von Markus? Und die von Franca? Jeder übernimmt eine Rolle in einer der vier Familien. In jeder Ecke entsteht ein lebendes Bild, in dem in einer typischen Pose die jeweiligen Familienmitglieder einfrieren. Jeder beginnt, sich in seine Rolle einzufühlen. Wer bin ich? Wie heiße ich? Woher komme ich gerade? Wohin gehe ich gleich? Was möchte ich gleich erledigen? Aus dieser Position und Pose und im Bewusstsein der Rolle geht jeder zu seinem Platz und beginnt eine Rollenbiografie (s. S. 8), in der die im Prozess der Einfühlung aufgekommenen Fragen beantwortet werden. Natürlich ist diese Art des Schreibens schon zuvor im Unterricht trainiert worden. Schon die im Lehrwerk vorkommenden Personen eignen sich ja dazu. Auch die, die ein Kleidungsstück mit einer Macke über den Laufsteg trugen.
Zwei formale Bedingungen muss die Rollenbiografie erfüllen: Sie beginnt mit Ich und bleibt in der Ichform. Und: In ihr werden nur vollständige Sätze gebraucht. Das erleichtert die Identifikation, erzwingt eine persönliche Perspektive. Im Schutz der Rolle können eigene Erlebnisse und Erfahrungen aktiviert und verarbeitet werden. Schon fünf Sätze reichen aus, meine Rolle zu beschreiben.
Mit dieser Rollenbiografie in der Hand kehren nun alle zu ihrem Platz im lebenden Bild und zu ihrer Ausgangspose zurück. Sie legen leise eine zur Situation passende Musik auf, und alle bewegen sich in ihrer Rolle in dem zur Verfügung stehenden Raum, sprechen in der Art eines inneren Monologs den Text ihrer Biografie, ergänzen sie, bauen sie aus, identifizieren sich immer intensiver mit ihrer Rolle. Sie stoppen die Musik, alle verharren in ihrer augenblicklichen Pose. Sie fordern nun auf, Rollenbegegnungen zu inszenieren. Alle gehen, solange die Musik zu hören ist, halten an, wenn sie schweigt. Mit dem so gefundenen Gegenüber werden Gespräche geführt. Man begrüßt sich, stellt sich vor, tauscht aus, was das Lehrwerk bislang als Wortschatz anbot. Nun aber, in der übernommenen Rolle, in einem ganz anderen Kontext erhält das Gelernte eine ganz neue Vitalität. Schließlich können auch Sie sich als interviewender Reporter mit sogenannten Einfühlungsgesprächen in die Szene hineinbegeben. Fragen Sie, was in Ihrem

Gesprächspartner gerade vorgeht, was ihn beschäftigt, was er wahrnimmt, welche Bedeutung das alles für ihn hat. Ihre Fragen sollen helfen, in die übernommene Rolle zu kommen. Auch Provokationen können behilflich sein. Mag Marcus Anne und ist daher beleidigt, wenn Anne mit Holger spielt? Mag Holger vielleicht auch Franca, und Anne hat so ihr Problem noch lange nicht gelöst?
Stoppen Sie die Musik. Alle kehren in ihre Ausgangsposition zurück, erstarren, werden wieder zum lebenden Bild in ihrer Familienecke, jetzt aber sehr viel intensiver in ihrer Rolle. Die Körpersprache zeigt es. Testen Sie dieses sichtbare Rollenbewusstsein. Rufen Sie in den Raum: Es klingelt. Tante Hilda steht vor der Tür. Im lebenden Familienbild zeigt jede Rolle eine Reaktion und erstarrt wieder. Zur körperlichen kommt eine sprachliche: Auch das noch! Toll! Hat sie was mitgebracht?
Lassen Sie auch diesen Ausruf oder Gedanken aufschreiben. Auf dem Blatt mit der Rollenbiografie ist sicher noch Platz.
Wieder ist Sprechen mit der ganzen Person verbunden, eingebettet in die Situation einer Szene, gekoppelt mit anderen Fertigkeiten, hier dem Schreiben.
Das Mehr szenischen Lernens: Sprechen und Handeln wird sichtbar. Sprache bekommt nach Sehen und Hören eine dritte Dimension. Auch bei geringer Sprachkompetenz ist das Verfahren des Rollengesprächs schon möglich.

5.2.4 Stimmenskulptur

Im Zirkusspiel zu Wilhelm Buschs „Die Haarbeutel“ gibt es folgende Szene (Kirsch 2008):

Zirkusmusik. Zirkusdirektor auf.

Direktor: Und nun, hochverehrtes Publikum, unsere dritte Abteilung: Wer kann, hat recht.

Alle Spieler stehen vor dem Eingangsportal. Zwei halten vor ihr Gesicht die Masken von Max und Moritz, geben den Köpfen damit einen Körper.

Alle Spieler: Ach, was muss man oft von bösen
Kindern hören oder lesen!!
Wie zum Beispiel hier von diesen,
welche Max und Moritz hießen;
Die anstatt durch weise Lehren
Sich zum Guten zu bekehren,
oftmals noch darüber lachten
und sich heimlich lustig machten.
Ja, zur Übeltätigkeit,
ja, dazu ist man bereit!

Max: Weißt du noch, wie die verrückten Hühner sich um das Brot stritten?

Moritz: Und sich dann am Baum aufhängten.

Der Zirkusdirektor zeigt auf zwei Spieler. Sie stellen sich links zu Max und Moritz, legen ihre Hand auf ihre Schulter, formulieren die Gedanken der beiden.

1 Am Apfelbaum, von dem wir nie einen Apfel bekamen.

2 Hühner als Lebenstraum.
Was für ein bekacktes Leben.

Dritter Spieler tritt, bestimmt durch den Zirkusdirektor, zu den zweien, verbindet sich mit seiner Hand mit den beiden, setzt die Gedankenkette fort.

3 Und dann auch noch den armen Hund so zu schlagen.
Der war ja wirklich nicht schuld.

Vierter Spieler tritt dazu.

4 So sind die Erwachsenen: Wir sind größer, stärker, also haben wir recht.

Max und Moritz: Recht wird durch Gewalt ersetzt.

Eine Gegengruppe zu den Jugendlichen entsteht: die Erwachsenen.

5 Aber bei Meister Böck habt ihr der Sanftmut Gewalt entgegengesetzt.

Max: So ein bisschen foppen.
He, heraus! Du Ziegen-Böck!

Moritz: Schneider, Schneider, meck meck meck!
Ich werde doch auch immer geärgert: Du, mit deinem Haarstriezel.

2 Und von wegen Sanftmut. Wie der gleich mit dem Meterstock kommt.

1 Schneider werden doch auch von Erwachsenen nicht ernst genommen.
Frieren, essen, laufen wie ein Schneider. Aus dem Schneider sein.

4 Erwachsene dürfen das.

5 Das war eine mit Sorgfalt ausgeführte Untat.

Sechster Spieler verstärkt die Gedankenkette der Erwachsenenwelt.

6 Wie auch bei Lehrer Lämpel.

Max Der brave Lämpel, der gute alte Mann.

Moritz Das ist doch einer wie Bokelmann:
Um solchermaßen mit einigen Streichen
die harten Gemüter euch zu erweichen.

4 Das ist eben richtige Erziehung.

3 Erziehung soll das sein?
Das ist Dressur.

Siebter und achter Spieler stellen sich zur Gruppe der Jugendlichen.

7 Das sind die weisen Lehren,
die uns zum Guten sollen bekehren?

8 So lassen wir uns nicht umbacken.

Neunter und zehnter Spieler verstärken die Gedanken der Erwachsenen.

9 Beinahe wäre es gelungen.

10 Ruff!! Man zieht sie aus der Glut,
denn nun sind sie braun und gut.

Max: Jeder denkt, die sind perdü!
Aber nein, noch leben sie!

Moritz: Knusper, knusper, wie zwei Mäuse
fressen sie durch das Gehäuse.

5 Rickeracke! Rickeracke!
Geht die Mühle mit Geknacke.
Wir haben euch doch erwischt.

6 Gottes Mühlen mahlen langsam, mahlen aber trefflich klein.

9 Wer sich nicht anpasst wird zermahlen.

10 Wie bei Onkel Fritz. Die Bösewichter werden vernichtet.

Max: Die Bösewichter waren Maikäfer.

Moritz: Bau, schreit er, was soll das hier
und erfasst das Ungetier.

1 Auf welcher Seite steht eigentlich Wilhelm Busch?

2 Auf der Seite der Erwachsenen?

3 Der Klugschwätzer wie Lämpel?

4 Der Autoritäten wie Onkel Fritz?

5 Auf der Seite der beiden Übeltäter?

6 Aber wehe, wehe,
wenn ich auf das Ende sehe.
Das schreibt er im Vorwort.

9 Ich denke, er sympathisiert doch mit Max und Moritz.

10 Er drückt sich. Hat's ja nur abgemalt und aufgeschrieben.

Max und Moritz: Da sitzt er ja. Fragen wir ihn doch selbst.

Busch: Kinder sind böse. Erwachsene aber nicht weniger.

Die zehn Spieler stürmen mit Bravo- und Pfui-Rufen auf Busch zu, erstarren. Busch rettet sich auf seinen Stuhl.

Busch: Kinder stören die Ruhe. Sie stören aber auch die verlogene Selbstzufriedenheit der Erwachsenen.

Der Zirkusdirektor versucht vergeblich, seine Spieler zurückzuhalten. Die Dressur ist gescheitert.

Zirkusmusik setzt ein.

Alle ab.

(...)

Was hier als Theaterform gebraucht wird, illustriert das, was im Unterrichtsalltag eine Stimmenskulptur genannt wird. In ihr werden Denkprozesse personifiziert und sichtbar gemacht, ambivalente Gedanken und Gefühle eindrucksvoll ausgestellt. Ein Chor spricht die Gedanken einer Figur aus. Ein Beispiel: Florian ist krank. So wird ein Comic betitelt.

Nach stiller Lektüre und erster Aussprache, vielleicht auch nach geklärtem Leseverständnis, sechs Sätze der Geschichte sind in die richtige Reihenfolge zu bringen, übernimmt ein Ich die Rolle von Florian im letzten Bild, sucht in Gestik und Mimik das Bild zu spiegeln. Sie fordern auf zu überlegen, was Florian durch den Kopf gehen kann. Die ersten Nennungen kommen: Ach, wäre ich doch zu Hause geblieben. Oder: Im Bett ging es mir besser. Oder: Mein Freund hat recht. Alles halb so schlimm. Die Gedankensprecher stellen sich hinter Florian, legen ihre Hand auf seine Schulter und sprechen auf Ihr Zeichen ihren Gedanken aus. Neue Reaktionen entstehen: Prüfungsangst ist eine richtige Krankheit. Mein Freund hat gut reden, aber ich habe nichts gelernt. Diese blöde Mutter, versteht nichts. Keiner versteht mich. Mein Vater hätte mich im Bett gelassen. Man soll auf seinen Körper hören. Die Reaktionen werden zugeordnet: Die Gedankensprecher legen ihre Hand auf die Schulter dessen, der ihren Gedanken auslöste. Es entstehen lange Ketten. Sie werden Dirigent des Chores, legen die Reihenfolge der Sprecher fest, die Wiederholungen, bestimmen durch Handzeichen auch den Ton der Wiederholung, die Lautstärke, den Akzent.

Sie erkennen: Aus Florian wird mehr als eine Comicfigur. Er wird zur Projektionsfläche der persönlichen Erfahrungen, der Erlebnisse Ihrer Ichs. Das Thema Prüfungsangst dient nicht mehr dazu, Körperteile und die mit ihnen möglichen Schmerzen nun benennen zu können. Sprache wird zum Transportmittel von persönlich gefärbten Inhalten.

5.2.5 Sprechmotette

In der statt einer Einführung beschriebenen möglichen Unterrichtsstunde haben Sie eine Begriffserklärung und konkret den Anfang einer Sprechmotette kennengelernt (s. S. 10). Die Gruppe C erzählt die Geschichte. Die Gruppe A konfrontiert die Erzähler der Bärensache mit der Perspektive des Zoos und seiner Leitung. In der Mitte die Gruppe B, die Kritiker der Zoo-Idee. Die Sprechmotette drückt eine Beziehung zwischen drei Parteien aus.

Sprechmotetten sind aber auch ein ausgezeichnetes Mittel, nicht mehr aktuelle Lehrwerktexte sprachlich und inhaltlich zu aktualisieren und sie in eine für das Sprechen geeignetere Form zu bringen. Hierzu ein Beispiel aus dem usbekischen Lehrwerk Deutsch, Lektion 5.

Der Lehrwerktext:

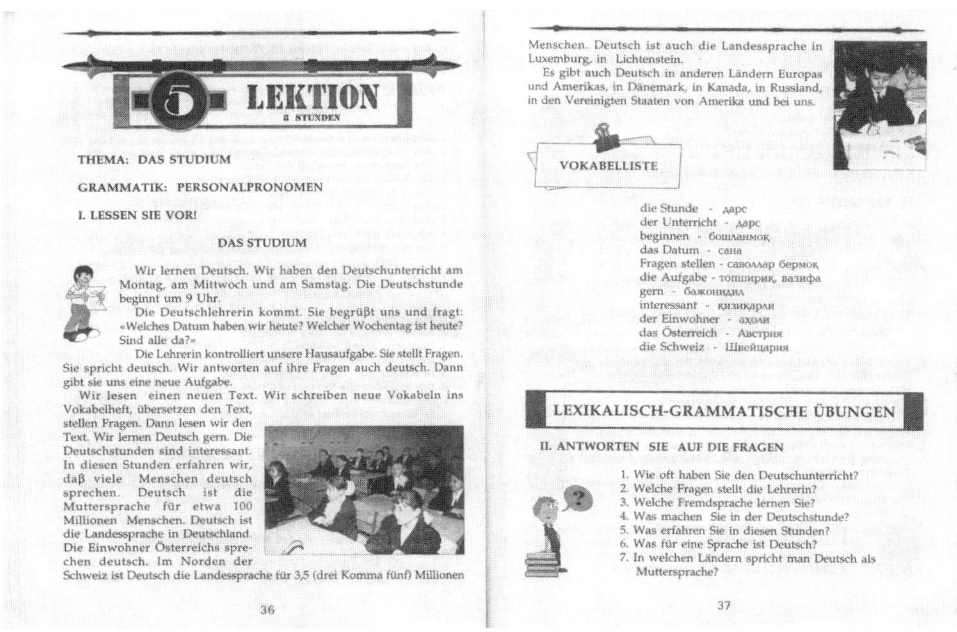

5 LEKTION
8 STUNDEN

THEMA: DAS STUDIUM

GRAMMATIK: PERSONALPRONOMEN

I. LESSEN SIE VOR!

DAS STUDIUM

Wir lernen Deutsch. Wir haben den Deutschunterricht am Montag, am Mittwoch und am Samstag. Die Deutschstunde beginnt um 9 Uhr.

Die Deutschlehrerin kommt. Sie begrüßt uns und fragt: «Welches Datum haben wir heute? Welcher Wochentag ist heute? Sind alle da?»

Die Lehrerin kontrolliert unsere Hausaufgabe. Sie stellt Fragen. Sie spricht deutsch. Wir antworten auf ihre Fragen auch deutsch. Dann gibt sie uns eine neue Aufgabe.

Wir lesen einen neuen Text. Wir schreiben neue Vokabeln ins Vokabelheft, übersetzen den Text, stellen Fragen. Dann lesen wir den Text. Wir lernen Deutsch gern. Die Deutschstunden sind interessant. In diesen Stunden erfahren wir, daß viele Menschen deutsch sprechen. Deutsch ist die Muttersprache für etwa 100 Millionen Menschen. Deutsch ist die Landessprache in Deutschland. Die Einwohner Österreichs sprechen deutsch. Im Norden der Schweiz ist Deutsch die Landessprache für 3,5 (drei Komma fünf) Millionen

36

Menschen. Deutsch ist auch die Landessprache in Luxemburg, in Lichtenstein.

Es gibt auch Deutsch in anderen Ländern Europas und Amerikas, in Dänemark, in Kanada, in Russland, in den Vereinigten Staaten von Amerika und bei uns.

VOKABELLISTE

die Stunde - дарс
der Unterricht - дарс
beginnen - бошланмоқ
das Datum - сана
Fragen stellen - саволлар бермоқ
die Aufgabe - топшириқ, вазифа
gern - бажонидил
interessant - қизиқарли
der Einwohner - аҳоли
das Österreich - Австрия
die Schweiz - Швейцария

LEXIKALISCH-GRAMMATISCHE ÜBUNGEN

II. ANTWORTEN SIE AUF DIE FRAGEN

1. Wie oft haben Sie den Deutschunterricht?
2. Welche Fragen stellt die Lehrerin?
3. Welche Fremdsprache lernen Sie?
4. Was machen Sie in der Deutschstunde?
5. Was erfahren Sie in diesen Stunden?
6. Was für eine Sprache ist Deutsch?
7. In welchen Ländern spricht man Deutsch als Muttersprache?

37

Die daraus entstandene Sprechmotette:

Das Studium

5. Lektion

A	Montag. Es ist 9 Uhr. Deutsch.
B	Die Woche fängt gut an.
C	Tell me why, I don't like, mondays.

B Der alte Song von Bob Geldof.
A Was macht die Lehrerin?
B Sie begrüßt uns.
C Sie fragt uns.
B Sie kontrolliert uns.
A Sie spricht deutsch.
C Und was machen wir?
B Wir antworten.
A Wir lesen.
B Wir schreiben.
C Wir übersetzen.
A Wir sprechen auch deutsch.
B Die Woche fängt gut an, Bob Geldof.
C Deutschunterricht.
A Da geht es um die deutsche Sprache.
B Aussprache.
C Grammatik.
A Das Personalpronomen.
B Ich, du, er, sie, es.
C Die Artikel.
A der, die, das, ein, eine, ein.
B Die Zahlwörter.
C Das Präsens.
A Ich frage. Du fragst. Er fragt.
B Ich laufe. Du läufst. Es läuft.
C Die Wortfolge.
A Ich lebe in Deutschland.
B Wo lebst du?
C Deutschunterricht.
A Da geht es um Deutschland.
B Um Städte, Flüsse, Berge.
C Um Denker, Maler, Musiker.
A Da geht es um Literatur.
B Um Gedichte, Romane, Dramen.
C Und wo man noch deutsch spricht, liest, schreibt.

B Und worüber geht es in dieser Deutschstunde?
A Um die Schule.
B Um den Deutschunterricht.
C Um das Übersetzen.
B Das Über-setzen von einem Ufer zum anderen.
A Vom usbekischen Ufer zum deutschen Ufer.
B Von der deutschen Welt in die usbekische Welt.
C Unsere Deutschlehrerin, eine Fährfrau.
B Unser Deutschlehrer, ein Fährmann.
A Hol über!
B Wir entdecken ein anderes Land.
C Wir entdecken uns.
B Deutschunterricht.
A Die Woche fängt gut an, Bob Geldof.
C Das ist nicht immer leicht.
B Das ist nicht immer interessant.
A Fragt die Oma:
Wie war es in der Schule?
C Prima!
Nur die vielen Stunden zwischen den Pausen,
die langweilen mich.

Sie erkennen sicher das andere Bauprinzip. Hier geht es nicht um ein Beziehungsmuster zwischen Parteien. Hier geht es um das Individuum im Kollektiv des Deutschlernens. Deutschunterricht ist das immer wiederkehrende Motiv, das in seinen Tätigkeiten, in seinem Inhalt entfaltet wird. Alles läuft locker auf die Pointe zu, die Verklärung von Schule und Deutschunterricht aufzubrechen: Er ist wirklich nicht immer interessant.
Chorisches Arbeiten verweist auf die soziale Basis des Lernens, das Miteinander des einen mit dem anderen, des gut Deutschsprechenden mit dem schwachen, des Sicheren, der den Unsicheren stützt, ihm Zutrauen vermittelt. Chorisches Arbeiten ist eine Form des Lernens durch Lehren.
Auch in der Chorarbeit gibt es vielfältige Inszenierungsformen. Innerhalb der drei Gruppen können Zeilen je nach Inhalt von Einzelnen, von Paaren, Dreiergruppen übernommen werden. Wiederholungen, Variationen können stimmlich heraus-

gehoben, aber auch mit bestimmten Gesten gekoppelt werden. Die Woche fängt gut an: Da kann man jubelnd die Arme hoch reißen, aber auch langsam in sich zusammensacken. Deutschunterricht: Das Lehrwerk kann synchron aufgemacht und dann im Rhythmus des Wortes synchron geschlossen werden. Der Song von Bob Geldof kann summend dem Motettenanfang untergelegt werden. Die Zeilen vom Über-setzen, vom Abenteuer des Entdeckens lassen sich als Rap verfremden, mit einer suchenden Schrittkombination koppeln.
Chorisches Sprechen verlangt für das Sprechen, die Rhythmisierung, die Bewegungschoreographie viele Wiederholungen. Sie sind Teil der Arbeit, ein Üben, das aber nicht von außen an die Sprecher herangetragen wird.
Chorisches Sprechen verlangt aber als Grundlage einen gemeinsamen Atem, eine Sensibilisierung für den Atem des anderen. Stationen des Stimm-dich-Pfades bieten dafür eine gute Möglichkeit (s. S. 33 ff.).

5.3. Inszenierungen des Suchens

Suchen ist eine der häufigsten Aufgaben in den Lehrwerken und Aufgabenblättern des Sprachenunterrichts. Laute, Endungen, Wörter, Sätze, Ergänzungen, Zuordnungen sind zu finden, die zuvor kunstvoll versteckt wurden. Osterhasendidaktik wurde das genannt (s. S. 23). Der Weg des Suchens, der hier gegangen werden soll, ist der der Improvisation. Mit dem Begriff verbindet sich häufig Negatives, wird er doch meist gebraucht, wenn etwas aus dem Stegreif, also ohne Vorbereitung geschieht. Man braucht nicht einmal vom Pferd abzusteigen. Aus dem Steigbügel, dem Stegreif, wird schnell entschlossen, ohne langes Überlegen gehandelt. Auch im Theater hatte Improvisation lange Zeit einen negativen Klang, weil die Textvorlage eines Autors fehlt. Heute erfreuen sich Improvisationstheater zunehmender Popularität. Schauspieler gehen in einem voll besetzten Saal auf die Bühne, ohne zu wissen, was dort geschehen wird. Vor den Augen der Zuschauer werden immer wieder ungewöhnliche Geschichten erfunden durch Schauspieler, die schnell, spontan, intelligent und sensibel auf Vorlagen der Zuschauer und Einfälle der Mitspieler reagieren. Theatersport hat sich daraus entwickelt. Er ist eine großartige Inspirationsquelle für das szenische Lernen (vgl. dazu Andersen 1996).

Eine ganz andere Wertschätzung erfährt Improvisation in der Musik. Neben der Komposition, einer in Notenschrift ausgearbeiteten Vorlage einer musikalischen Darbietung, beweist in ihr der Spieler, wie er sein Instrument und die musikalischen Parameter beherrscht und über welches kreative Potential er verfügt. Improvisation, das reicht vom Mittelalter bis zum Jazz. Fugen, das Generalbassspiel wurden aus dem Stegreif ausgeführt. Mit dem „Fantasieren auf dem Klavier" haben viele bedeutende Komponisten auf sich aufmerksam gemacht. Mozart, Beethoven, Chopin wurden dafür bewundert. Und in der Neuen Musik reichte eine Grafik als Partitur, für Stockhausen ein Text.

Aus all diesen Improvisationsformen ist zu erkennen, dass sie das Zusammenspiel, die Geistesgegenwart und die Bereitschaft, Vorhandenes, überkommene Vorstellungen, eingefahrene Denkmuster aufzugeben, fordern und fördern und damit ideale Voraussetzungen liefern für das Übersetzen von einer Sprache in die andere, für das große Ziel der Interkulturalität.

5.3.1 Rollenspiel

Zur Theorie

Der Begriff ist schillernd. Er reicht vom Vater-Mutter-Kind-Spiel bis zu den Pen-&-Paper-Rollenspielen. Auf den Computer als Medium übertragen und bei Nutzung des Internets, führt das zu Multi-User-Dungeons, zum Spiel mit vielen in einer virtuellen Welt. Bezieht man den Begriff auf die Sprachdidaktik, dann wird, geprägt vom Behaviorismus, mit Rollenspiel ein Training sprachlichen Handelns verstanden, ein einfallsreiches Üben von Wendungen und Strukturen. Bezieht man den Begriff aber auf die Spieltheorie, dann bietet sich aus der Vielzahl der Gliederungsmöglichkeiten die von Einsiedler (1991, 13) entwickelte Übersicht mit folgenden vier Merkmalen an:

- Spiele wecken positive Emotionen,
- in Spielen tut man so, als ob,
- Spiele fordern Flexibilität,
- in Spielen geht Mittel vor Zweck, der Spielprozess ist also wichtiger als das Spielprodukt.

Deutlich wird bei dieser Beschreibung die Nähe des Rollenspiels zum Theater, dessen Kennzeichen ja ist, dass man so tut als ob. In eine Formel gefasst:
A stellt X dar, Z schaut zu. Da beim szenischen Lernen Sprache als Mittel dient, als Transporteur von Inhalten, geht es beim improvisierten Rollenspiel nicht um das Üben von Wendungen und Strukturen, sondern darum, spielend in einer Situation zu bestehen. Ein Beispiel. Erinnern Sie sich bitte an das 8. Kapitel unseres fiktiven Lehrwerks (S. 22).
„Hallo, ich bin Meike. Das ist mein Bruder. Das ist meine Schwester. Wir sind drei Kinder zu Hause. Meine Mutter ist lieb, und mein Vater ist auch sehr nett. Meine beste Freundin heißt Steffi. Und dann habe ich noch einen Hund."
Geben Sie Dreiergruppen den Auftrag, eine Szene zu entwickeln, betitelt: Auch eine Mutter ist nicht immer lieb. Die präsentierte Szene wird Ihnen viel aus dem Leben Ihrer Ichs erzählen. Der geschützte Raum der übernommenen Rolle macht es möglich. Flexibel, wie bei der Improvisation beschrieben, müssen die drei der Spielgruppe aufeinander und auf ihre Einfälle reagieren. Das Spiel als Mittel und die dabei entwickelten Emotionen sind entscheidend. Sie sind es auch für das Lernen, wie uns die Hirnforschung zeigte. Der Zweck, ein gängiges Klischee zu hinterfragen, ordnet sich dem Spiel unter.

Zur Praxis

Was heißt das nun, eine Szene zu entwickeln? Auch hier nähern wir uns dem Theater. Dort wird als Szene eine Probeneinheit genannt, in der sich die Zahl der Darsteller nicht ändert. Bei der Entwicklung einer Szene ist das Bündel der sieben W-Fragen eine große Hilfe. Wer ist daran beteiligt? Meike? Der Bruder? Viel-

leicht der Hund? Um was geht es? Will Meike nicht mit dem Hund zur Hundeschule? Der Bruder aber auch nicht? Wo spielt die Szene? Im Park? Im Auto? Im Wohnzimmer? Und wann? Am Tag? Im Herbst? Warum kommt es überhaupt zu dem Konflikt? Die Motivationen der Beteiligten müssen also geklärt werden. Wozu das alles? Jetzt geht es um die Absichten. Ist Meike einfach nur bockig? Fürchtet die Mutter um ihre Autorität? Bleibt schließlich die Wie-Frage. Wie werden die Absichten durchgesetzt? Sind diese Fragen ausgepackt und von jedem für sich beantwortet, dann kann die Improvisation beginnen. Um das Verbleiben in der platten Realität zu verhindern, auch, um Einfälle zu stimulieren, empfiehlt es sich, in den Auftrag der Szenenentwicklung die Aufgabe zu verpacken, die Szene mit einer Überraschung, mit einer Pointe enden zu lassen. Aus der Szene soll also ein Sketch werden. Mutter und Meike haben sich geirrt: Der Hund bringt den Kalender. Er muss erst am nächsten Dienstag zum Hundetraining.
Häufig ist zu erleben, dass Rollenspiele im Unterricht ohne deutlichen Anfang, ohne deutliches Ende ablaufen. Es ist darum zu empfehlen, mit einem Standbild die Szene zu beginnen und zu beenden. Es schafft Aufmerksamkeit für die Präsentation, es verhilft, sich in seine Rolle einzufühlen, sich auf sie zu konzentrieren. Bleibt noch das Problem der Sprachkompetenz. Mehrfach habe ich Ihnen schon Beispiele geliefert, wie auch bei geringem Sprachvermögen in der zu lernenden Sprache durchaus attraktive Ergebnisse zu erreichen sind. Auf die Diashow zur „Bärensache“ (S. 10) oder beim Elvis-Text (S. 12) wäre da zu verweisen. Auch an die szenische Gestaltung von Lehrwerkseiten (S. 18) sei erinnert.
Das folgende Modell eines vom szenischen Lernen bestimmten Unterrichts soll die bisher vorgestellten Verfahren zusammenfassen und zeigen, welchen Platz Improvisation darin einnimmt. Ich wähle wieder einen literarischen Text, weil er, als Partitur, mehr Angebote für die Identitätssuche enthält und damit einen persönlichkeitsorientierten Sprachenunterricht erleichtert. Ich entnehme ihn aus „Anna, Schmidt & Oskar“, dem Fernsehsprachkurs für Kinder (Kirsch 1996, 70 f.). Es ist die bekannte Geschichte vom seiltanzenden Till Eulenspiegel. Unter www.poetenweb.de können Sie den Originaltext nachlesen. Im Sprachkurs wird er auf das Wesentliche, auf acht Bilder reduziert. Reduktion als Kulturtechnik, Sie erinnern sich, ist auch eine Voraussetzung, um zu Spielvorlagen zu kommen.

Till kann viele Kunststücke auf dem Seil.
Viele Leute schauen zu.
Da fällt Till, plumps, in den Fluss.

Am nächsten Tag spannt Till wieder ein Seil über den Fluss.
Wieder schauen viele zu.
Sie lachen. „Till will wieder auf dem Seil gehen."
„Heute mache ich ein ganz großes Kunststück.
Gebt mir eure linken Schuhe."
Da ziehen die Leute ihre linken Schuhe aus und geben sie Till.
Till nimmt die Schuhe, sitzt auf dem Seil und lacht.
Die Leute warten. „Na, los! Na, los!", rufen sie.
Da ruft Till: „Aufgepasst! Hier sind eure Schuhe!"
Und er lässt die Schuhe fallen.
Oh, oh, oh! Da gibt es ein großes Durcheinander.
Jeder will seinen linken Schuh wiederhaben.
Till sitzt oben auf dem Seil und lacht.

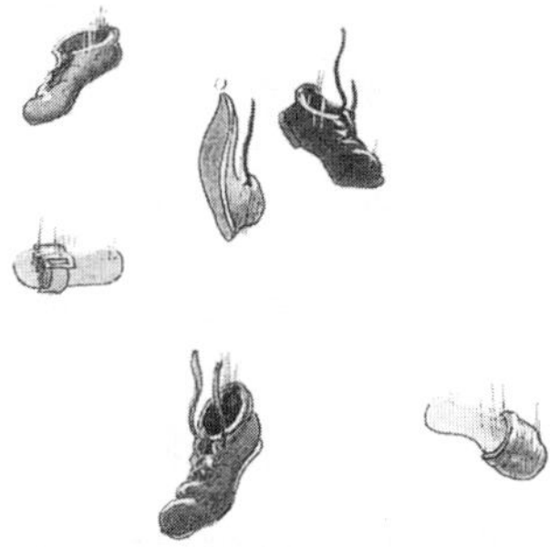

Lassen Sie vier Gruppen bilden. Jede Gruppe bekommt den Auftrag, zwei der Illustrationen mit ihrem Text in lebende Bilder zu verwandeln. Es reicht, wenn der Till ein auf dem Boden liegendes Seil unter seinen Sohlen spürt. Bei jedem Bild sind alle Gruppenmitglieder beteiligt. In jedem Bild sollen zwei Sätze gesprochen werden. So haben alle die Möglichkeit, sich in die Geschichte und ihre Personen einzufühlen. Die sechzehn Sätze kommen in die Sprachschatzkiste, aus der sie dann, in andere Situationen übertragen, eingesetzt, also geübt werden. Die Sprachschatzkiste ergänzt das Sprachmaterial des eingeführten Lehrwerks. Solche Sätze könnten sein:

Ich bin toll.
Er kann doch was, der verrückte Till.
Jetzt zeige ich ihnen, was ich kann.
Donnerwetter, wer hätte das gedacht.
Saublöd!
Tja, Übermut tut nicht gut!
Heute will ich lachen.
An den Streich sollen sie noch lange denken.

Schau, Till gibt nicht auf.
Das wird lustig,
Till will wieder auf dem Seil gehen.
Gebt mir eure linken Schuhe.
Ich brauche sie für ein ganz großes Kunststück.
Da bin ich neugierig.
Sie machen tatsächlich mit.
Keiner ist misstrauisch.
Los, Till, ich will meinen Schuh wieder.
Aufgepasst! Da habt ihr eure Schuhe wieder.
Ein böser Streich.
Den wird er büßen.

Zwei Möglichkeiten will ich beschreiben, im Kontext der Geschichte die Auseinandersetzung mit ihr improvisierend zu vertiefen.
Im ursprünglichen Volltext ist es die Mutter, alleinerziehend, der Vater ist gestorben, die das von Till gespannte Seil mit einem Messer durchschneidet. Eine Erziehungsmaßnahme. Sie will nicht, dass ihr Sohn durch Gauklerstückchen auffällt. Lassen Sie zwei der vier Gruppen, parallel, also konkurrierend, improvisierend, die Szene entwickeln, in der sich Till bei seiner Mutter über ihre Handlung bitter beschwert. Auch in der zweiten Möglichkeit lassen Sie konkurrierend arbeiten. Das zeigt, welch unterschiedliche Wege improvisierendes Arbeiten gehen kann. Viabilität wird das im Konstruktivismus genannt (s. S. 22). Lassen Sie den Streich entwickeln, mit dem sich die Zuschauer an Till rächen wollen.
Beide Aufgaben sind pantomimisch, also allein mit der Körpersprache, zu entwickeln und in maximal fünf Standbildern, der klassischen Dramenstruktur, als Diashow zu präsentieren. Die Diashow wird gezeigt und dann von allen gemeinsam vertont, also mit Sprache versehen. Es reicht schon, wenn zu jedem Standbild ein Satz gefunden wird, in der Szene gesprochen oder sie kommentierend. Der Satz kann auch über die Muttersprache entstehen. Sie übersetzen ihn. Der Satz wird auch auf deutsch als eigener und nicht vorgegebener Satz haften bleiben. So bleibt Sprachlernen persönlichkeitsorientiert, wird individuell gangbar, viabel.

5.3.2 Figurenspiel

Das Figurenspiel ist sicher die populärste Form der Improvisation. Im Sprachenunterricht beschränkt sich aber das Figurenspiel meist auf die Puppe in der Hand der Lehrenden, in der Rolle des Dialogpartners, als Motivationsträger, Spaßvogel. Als Kobold, Frosch oder Papagei ist die Handpuppe meist dümmlich, tölpelhaft, verbessert, fragt, kommentiert, verkümmert letztendlich in der methodischen Trickkiste. Sie ist Vertreterin einer weitverbreiteten Didaktik geworden, die immer nur Fragen gestellt, deren Antworten man schon weiß oder wissen könnte.
Jetzt aber soll das Figurenspiel in den Unterricht einkehren als Helfer für das szenische Lernen. Wie schon das Rollenspiel rückt es in die Nähe des Theaters, nur ist das A jetzt eine von A geführte Figur, die X darstellt (s. S. 49). Und da es auch beim improvisierenden Figurenspiel darum geht, sprachlich in einer Situation zu bestehen, sind Szenen zu entwickeln, die diese kommunikative Kompetenz in der zu lernenden anderen Sprache trainieren. Es liegt nahe, beim Deutschlernen nach dem Kasper und seiner lärmenden Bande zu greifen. Ihre festgelegten Charaktere schaffen einen überschaubaren Mikrokosmos. Stilprägend sind in Deutschland die 1921 entstandenen Hohensteiner Puppenspiele. In ihrer Welt vertreten als Standardpersonal Kasper und Seppel, Gretel und Großmutter das Gute, die Ehrlichkeit, oft aber auch die Einfalt. Die Ordnung und Obrigkeit werden von König, Prinz und Prinzessin übernommen. Für das Böse treten Hexe, Zauberer, Teufel und Räuber auf. Interessant ist, was beim Übersetzen in die Welt der deutschen Sprache aus der eigenen Kultur mitgenommen und in die Kasperfiguren projiziert wird. Machen Sie einen Versuch. Geben Sie an Gruppen je drei Handpuppen aus, in einem ersten Versuch jeweils drei aus der Welt der Guten, der Bösen und der der Ordnung. Geben Sie als Anstoß vor, da Ihr Lehrwerk gerade das Thema Essen aufgreift: Kaspers Großmutter kann fantastisch Suppen kochen. Aber nicht nur Kasper liebt diese Suppen. Auch der Teufel ist teuflisch hinter ihr her, der Suppe und der Großmutter. Er will sie entführen, sie in seine Küche stellen. Das will natürlich Kasper verhindern. Zu den Puppen geben Sie aus der Sprachschatzkiste zum Lehrwerk bereits gelernte Wendungen, die als Schlüsselbegriffe dienen sollen. Zur Präsentation bauen Sie ein kleines Puppentheater. Zwei Tische aufeinandergestellt, eine Decke darübergeworfen, fertig ist es. Gut wäre noch ein neutraler Hintergrund, damit die Puppen besser zur Wirkung kommen. Besser noch wäre es, wenn dieser Hintergrund ein auf einen Rahmen gespanntes weißes Lei-

nentuch wäre. So könnte darauf ein von hinten projiziertes Bühnenbild die Szene vervollständigen.

Die arbeitsteilig entstandenen Szenen werden gezeigt, die beste aus jedem der drei Kosmen ausgewählt. Nun geht es darum, gemeinsam oder konkurrierend in einem vierten Bild den Zusammenstoß der drei Welten zu zeigen und in einem fünften die Lösung. Ein klassisches Drama entsteht. Als Kaspertheater geht es natürlich gut aus. Kasper überlebt immer. Wie weit in einer solchen Szene aber auch die Typisierung der Figuren aufgebrochen werden kann, soll der nachfolgende Text zeigen. (Kirsch 2011) Haben Sie Ihre Ichs auf diese Spur gesetzt, dann werden sie lustvoll auf dem Weg auch weitergehen.

Auftreten König (KÖ), Prinzessin (P)

P Als Vater, als König kannst du doch alles.

KÖ Alles? Fast nichts. Ich kann nicht Sommer machen oder ihn verlängern.
Ich kann nicht verhindern, dass Äpfel vom Baum fallen.
Nicht einmal die Griechen kann ich retten.

P Ja, aber befehlen kannst du alles, anweisen, sagen.

KÖ Sagen. Ja, sagen schon.
Aber das tust du doch auch.
Was also willst du, dass ich tue?

P Bei meinem letzten Ausflug mit dem Rad war ich mit meiner Freundin Else, weißt du, die Tochter des Kochs, bei der Großmutter von Kasper.

KÖ Ist das der, mit dem ihr manchmal im Hof Basketball spielt?

P Was du alles weißt. Ja, das ist er.

KÖ Ich bin ja auch Vater, nicht nur König. Und weil deine Mutter weggelaufen ist, weil ich immer nur König war, will ich jetzt wenigstens mehr Vater sein.

P Das ist schön.
Also, der Kasper, er hat immer so verrückte Einfälle.

KÖ War das auch der mit den Mülltonnen, weil wir keine Basketballkörbe hatten?

P Ja, aber jetzt haben wir ja sogar einen Basketballplatz im Schlosshof.

KÖ Mit Dach, wenn es regnet. Verrückt.

P So ein bisschen verrückt ist auch Kaspers Großmutter. Und sie kann kochen. Else hat zu Hause so von ihrer Kochkunst geschwärmt, dass ihr Vater sofort in die Küche ging und Kaiserschmarrn machte, Elses Lieblingsgericht.

KÖ Ach, darum gibt es ihn so oft als Nachtisch.

P Jetzt aber haben wir bei Kaspers Großmutter Gazpacho gegessen. Else und ich waren begeistert.

KÖ Gazpacho? Das hört sich so arabisch an.
Da bin ich sehr misstrauisch.

P Du sollst jetzt nicht politisch denken, mehr als Vater, der seiner Tochter eine Freude bereiten soll.

KÖ Da muss ich erst einmal Emil, meinen Hofgelehrten, fragen.
Das habe ich übrigens auch beim Basketballplatz getan.

P Ja, weil es dir so amerikanisch war, du nur Korbball kanntest und du hinter Harlem Globetrotters eine Zigarettenmarke oder eine Rockband vermutet hast.

KÖ Aber Emil wusste es.

P Dein Hofgelehrter Emil, das wandelnde Internet.
Dann google ihn mal herbei.

KÖ Könige und Väter können nicht alles wissen. Sie müssen nur wissen, wo und wen man fragt. Emil!

Emil, der Hofgelehrte (G) erscheint.

G Herr König, Sie haben gerufen.
Ich bin online.

P Mein Vater weiß nicht, was Gazpacho ist.
Klären Sie ihn auf.

G g.gmx.gardasee.gazeteler. Gazpacho.
Also: Gazpacho Andaluz ist eine spanische kalte Suppe aus ungekochtem Gemüse. Es gibt noch die Variante Gazpacho Ajoblanco, Gazpacho Antequera und Gazpacho Mangego.

KÖ Das kommt mir sehr spanisch vor.

G Maurisch, Herr König. Die Mauren haben sie nach Spanien gebracht.

KÖ Igitt. Eine kalte Suppe aus ungekochtem Gemüse. Igitt.

P Die Erwachsenen. Was sie nicht kennen, schmeckt ihnen nicht.

KÖ Und die Kinder?
Brokkoli? Auberginen? Leberknödel?
Aber gut. Geh zu Kaspers Großmutter und lade sie aufs Schloss ein.

P Gehen? Ich habe ihr schon eine SMS geschickt.

G So sind die heutigen Kinder.

KÖ So sicher warst du?

P Ich kenne doch meinen Vater.

KÖ Und Großmutter kann eine SMS lesen?

P Ja, da staunst du. Das kannst noch nicht einmal du.

KÖ Als König braucht man das nicht.

P Aber als Vater?
Noch schärfer: Ich habe ihr eine Wegbeschreibung angeboten.

KÖ Sehr vernünftig.

G Ich kann ihr einen Routenplan ausdrucken.

P Macht euch nicht lächerlich.
Hier, was sie zurückgesimst hat:
Nicht nötig. Ich habe ein Motorrad mit GPS.

KÖ Das haut mich um.

Der Hofgelehrte fängt den König in seinem Fall auf.
Vorhang

Nun gibt es aber im Figurenspiel neben der Kasperbande weit mehr, meist brachliegende Möglichkeiten, sich einem Text zu nähern, sein Verstehen zu suchen. Ich möchte Ihnen als Beispiel das Kochlöffeltheater vorstellen, da es sehr einfach und preiswert der Situation anzupassende Spielfiguren benutzt. Sie brauchen einen Kochlöffel, am besten aus Holz, Farben oder Stifte, um den Löffel zu bemalen, Stoffreste, um den Stiel und die ihn führende Hand zu verdecken und Wollreste, um die Spielfigur auch durch Haare zu kennzeichnen. Statt der Bemalung kann auch ein Bild aufgeklebt werden.

Auch hierzu ein Versuch. Teilen Sie den nachfolgenden Text aus (Morgenstern 1987, 24).

> Der Flügelflagel gaustert
> durchs Wiruwaruwolz,
> die rote Fingur plaustert,
> und grausig gutzt der Golz.

Fragen Sie nach den Personen in diesem Text. Schon aus der Großschreibung ergeben sich die drei: Flügelflagel, Fingur, Golz. Geben Sie nun den Auftrag, diese drei als Kochlöffelfiguren herzustellen und mit ihnen die vier Verse in ein Spiel umzusetzen. Keiner wird im Wörterbuch plaustern nachschlagen. Lassen Sie dann noch auf einer Folie das Bühnenbild Wiruwaruwolz entstehen und einen Chor dazu die passenden Geräusche liefern, dann haben Sie eine perfekte Inszenierung für das „Gruselett" gefunden und wieder einmal einen Beleg dafür geliefert, dass Texte eine Partitur, eine Spielvorlage sind. Sicher, Wörter werden nicht gelernt, aber man erfährt viel über die Sprache, über ihre Klangmalerei und sogar über ihre Syntax.

Hinter dem Tuch des Puppentheaters als Person zu verschwinden und nur eine Figur mit der Hand zu führen, das ist für viele eine große Erleichterung. Sie sind nicht mehr mit den anderen, den Zuschauenden konfrontiert. Sie können ihren Text sogar ablesen. Dennoch: Knoedgen (1990) hat es als Motto in seiner Phänomenologie des Figurentheaters in einem Picasso-Zitat zusammengefasst:

„Es gibt den Maler, der aus der Sonne einen gelben Fleck macht. Aber es gibt auch den, der mit Überlegung und Handwerk aus einem gelben Fleck eine Sonne macht." Sie erkennen: Es geht beim Kochlöffeltheater nicht nur um das Herstellen der Puppen. Es ist Theater, und darum geht es um das Darstellen, um das Inszenieren von Rollen. Auch der Kasper, auch die rote Fingur muss gespielt werden, nicht nur bewegt. Auch die Prinzessin, der Golz müssen zu Identifikationsfiguren werden, natürlich für den Zuschauer, aber auch für den Spieler. Nur wenn er in der Rolle seiner Figur lebt, wird er sie mit ihr identisch führen. Wie ich im Rollenspiel nach Möglichkeiten suche, mit meinem Körper Angst, Freude, Neugier auszudrücken, muss ich auch mit der Kasperfigur, mit der Kochlöffelpuppe authentisch sein. Spielend lässt sich ein Rollenbewusstsein zum Beispiel dadurch erreichen, dass die Puppe über die Spielleiste gehängt, sie weggelegt wird: Da spiele ich nicht mehr mit. Das Figurenspiel darf keineswegs dazu verkommen, dass es ein „Herumtragen von Holzstücken beim Deklamieren von Texten“ wird (Schneider 1994, 31).

Diese Gefahr erhöht sich, wenn aus dem Kochlöffel eine Flachpuppe wird. Dazu wird ein Brett auf einen körpergroßen Holzstab geschraubt, das, mit einem Tuch umhüllt, den Stab und die führende Hand verdeckt. Das Brett wird bemalt oder mit einem kopierten Foto im A3-Format beklebt, mit einem Tuch oder Hut vervollständigt. Flachpuppen sind also vergrößerte Kochlöffel, die nun aber nicht nur im Guckkasten eines Puppentheaters zu sehen sind, sondern auch über die Bühne getragen werden können, auf ihr stehen. Hier kann der spöttische Kommentar vom Herumtragen von Holzstücken ganz besonders zutreffen. Jetzt muss die Figur in ihrer Rolle bewegt werden, und gleichzeitig muss der, der sie führt, zu seiner Rolle finden. Sie sehen wieder einmal, dass szenisches Lernen ein ganzheitliches Lernen ist, ein Lernen mit allen Sinnen.
Ein Beispiel, wie bei einer Dramatisierung der Kleistnovelle „Der Zweikampf“ Flachpuppen eingesetzt werden. In der Novelle kehrt der Herzog Wilhelm von

Breysach von einer Zusammenkunft mit dem Kaiser zurück. Er bringt die Legitimation seines unehelichen Sohnes Philipp und damit die Regelung seiner Nachfolge mit. Kurz vor seinem Schloss wird er hinterrücks von einem Pfeil getötet. Die Novelle klärt den Mordfall, der zugleich auch eine Liebesgeschichte ist, karikiert die Wahrheitssuche der Justiz und formuliert im Trotta eine Figur, die sich in ihrem unerschütterlichen Vertrauen Kleist immer gewünscht, aber in seinem Leben nie gefunden hat.

Wegen der Detektivarbeit habe ich bei der Dramatisierung Sherlock Holmes eingeführt. Aus Watson, seinem Assistenten, wird Kleist, sodass nicht nur der Stoff und das Thema vermittelt wird, sondern auch Kleists Sprache.

Von links zwei Spieler mit den körpergroßen Flachpuppen Holmes und Kleist. Den Kopf bilden auf das Holz aufgeklebte Porträts der beiden, der Stab von Holmes ist mit braunkariertem Stoff, der von Kleist mit preußischblauem Stoff umhüllt. Die Spieler führen die Puppen. Sie erwecken die Illusion, dass es die Puppen sind, die sprechen.

Holmes Kommen Sie, Kleist, das Spiel beginnt.

Kleist Ein neuer Fall, Kommissar. Das Opfer heimtückisch gemeuchelt.

Holmes Nichts ist trügerischer als eine offensichtliche Tatsache.
Sie, mit Ihren Gewaltfantasien. Sie haben mir das eingebrockt.

Kleist Ich? Die Gesellschaft. Die Welt. Die Welt ist ein Krieg.

Trota Hier, Herr Kommissar, die Mordwaffe.

Trota übergibt den Pfeil. Alle Spieler schauen gebannt und erwartungsvoll auf Holmes und Kleist. Ein leises Tuscheln setzt ein. Die Herzogin bäumt sich schluchzend auf.

Holmes Madame, bewahren Sie jetzt bitte Ruhe. Vertrauen Sie mir.
Ich bin Fachmann.

Holmes und Kleist gehen hinter das Fernsehgerät, interessiert den Pfeil studierend. Zu sehen sind nur die Flachpuppen. Sie werden von unten beleuchtet. Alle Spieler gruppieren sich, stehend, liegend, auf der Trage sitzend, vor dem Fernsehgerät.

(Kirsch 2011)

Das Figurenspiel, abstrahieren und reduzieren wir es, ist bewegtes Material, ist Objekttheater. Aus diesem Gedanken ergeben sich für den Sprachenunterricht eine Fülle von Möglichkeiten. Alles kann zur Figur werden. Die Objekte lösen, unabhängig von ihrem Material und ihrer Form, beim Zuschauer Erfahrungen aus, werden zu Projektionsflächen. Zur Illustration dieses Gedankens Steinmanns Beschreibung einer Theatervorstellung beim Festival „Poesie der Puppen" 1987 in Hamburg:

> *„Es erscheinen kleine knetbare Figuren, die eine liebevolle Zuwendung erfahren, jedoch später auf den Boden geworfen werden. Wieder liebevoll hergerichtet und erneut mit Zuwendung belegt, schleudert man sie in eine Kanne mit Wasser, um sie dann, aufgespießt auf einer Schere, wieder hervorzuholen. Im Zuschauer laufen während dieser Szene ganze Welten nachvollziehender und nachvollziehbarer Gedanken und Gefühle, Erfahrungen oder Lüste ab, hin- und hergerissen zwischen Zuwendung, Erschrecken und dem Gespür für das sonst nicht auszulebende sadistische Tun."*
> *(Steinmann in Wegner 1999, 215)*

Objekte können benutzt werden, um nach der Deutung eines Textes zu suchen. Hier ein Beispiel.
Geben Sie immer einem Paar einen großen und einen kleinen Löffel, eine große und eine kleine Gabel, ein großes und ein kleines Messer. Geben Sie den Auftrag, zu den ausgeteilten Objekten einen Dialog zu entwickeln und ihn dann vorzuspielen.
Thema: Vom Reiz, klein zu sein. Was Kleine schon, Große aber nicht mehr können.
Geben Sie dann das nachfolgende Gedicht von Jürgen Spohn (1992) aus und lassen Sie es mit den ausgeteilten Objekten präsentieren. Man muss sehen, wer Kuh, wer Kälbchen ist.

Fragt und fragt
die kleine Kuh:
Wann bin ich auch
so groß wie du?
Ich will dir
eine Antwort geben:
Kälbchen
ist man
nur ein Jahr
Kuh
fürs ganze Leben

Objekte können benutzt werden, um mit ihnen Geschichten zu entwickeln. Hammer und Beißzange, Säge und Feile, Messer und Gabel können darüber streiten, wer wichtiger ist. Die gesamte bisher erworbene Sprachkompetenz kann dafür eingesetzt werden. Entscheidend ist, dass die Geschichte, wie bei den Rollenspielen, mit einer Überraschung, mit einer Pointe endet.

Ein Blick in das Sachbuch „Die Wunder-Plunder-Maschine“ von Peter Stieger und Liliane Steiner (2005) kann dieses Objekttheater vertiefen. In ihm ist zu sehen, dass jedes Ding seine Geschichte hat, und zusammen erleben sie eine neue: die Entstehung einer Maschinenskulptur. Eben hat ein Lastwagen abgeladen. Und da liegen nun zwischen viel Gerümpel ein altes Rad, ein mächtiger Hammer und eine zarte Feder zusammen, erzählen und witzeln. Und dann greifen Hände zu und tragen das eine oder andere weg. Wohin? Der Blasebalg bläst die Feder hoch über ein Gebilde, eine verrückte Maschine, ein Kunstwerk.
In Zusammenarbeit mit dem Museum Tinguely in Basel wurde die Geschichte entwickelt. Sie erklärt kein bestimmtes existierendes Kunstwerk von Tinguely. Kopiert man die Bilder von Hammer, Eimer und Feder auf beliebige Objekte, dann lässt sich die Geschichte der Wunder-Plunder-Maschine als Objekttheater auf dem nächsten Elternabend präsentieren.

Objekte können eine Geschichte deuten. Sie können dazu verhelfen, eine Geschichte zu entwickeln.
Es können aber auch Objekte gestaltet, entwickelt werden, ausgelöst durch eine Geschichte. Wie sieht ein Bell-, wie ein Pfeifhusten aus? Wie lässt er sich materialisieren? Geben Sie den folgenden Text als Provokation an Ihre Ichs und freuen Sie sich auf seine Dramatisierung.

Die Geschichte vom verlorenen Husten.

Ein Mädchen hatte Husten. Plötzlich war er weg, und das Mädchen wußte nicht, wo er war. Es suchte ihn überall: zwischen den Spielsachen, unterm Bett und im Schrank.

„Hast du vielleicht meinen Husten?" fragte das Mädchen seine Freundin.

Die war ein bißchen beleidigt. „Ich stehle doch keinen Husten!" sagte sie. „Ich habe meinen eigenen schon seit zwei Wochen. Deiner war erst vier Tage alt. Außerdem habe ich einen schweren Bellhusten, und du hattest nur einen leichten Pfeifhusten."

„Sei mir nicht böse", sagte das Mädchen. „Vielleicht habe ich ihn heute morgen auf der Brücke verloren. Es war so windig. Kommst du mit? Dann suchen wir ihn."

Im Nebel hätten sie den Husten beinahe nicht gefunden. Er pfiff nur ganz leise ums Brückengeländer.

Endlich hatte das Mädchen seinen Husten wieder. Er war sogar stärker geworden, das fand auch die Freundin. Sie konnten sich jetzt gegenseitig umhusten. Aber das verbot ihnen ein Radfahrer. Auf der Brücke war das zu gefährlich, und der Mann wollte auch nicht vom Rad gehustet werden.

Ursula Wölfel (2006, 34)

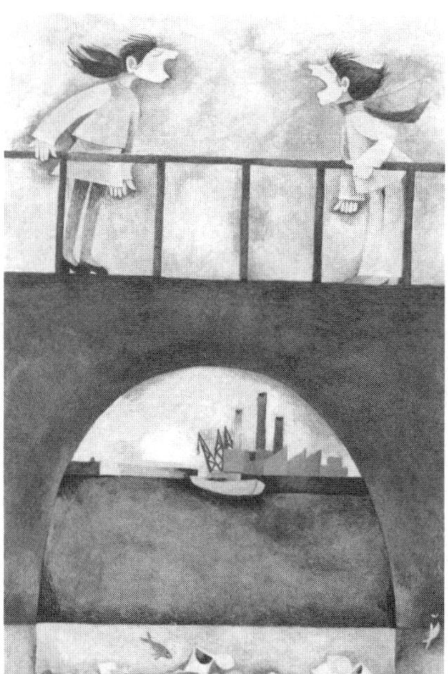

5.3.3 Schattenspiel

Als Kunstform ist das Schattenspiel Jahrtausende alt. Merkwürdigerweise hat der Sprachenunterricht die in diesem Medium angebotenen Möglichkeiten kaum entdeckt, obwohl es doch mit wenig Aufwand eine große Wirkung ermöglicht. Dabei bietet das Schattenspiel alle im Spiel der Rollen und Figuren beschriebenen Möglichkeiten, doch gekoppelt mit einer ganz anderen Attraktion. Schatten üben eine magische Anziehungskraft aus. „Das Kennenlernen des eigenen Körperschattens spielt in der Arbeit (...) eine wichtige Rolle. Die Pädagogen haben herausgefunden, dass Kinder ihren Schatten schon oft im zweiten Lebensjahr als etwas erkennen, das zu ihnen gehört. Je genauer sie ihr Schattenbild erproben, desto deutlicher erleben sie es als lebendigen Teil ihres Selbst. Aber dieses Selbst ist wirklich und unwirklich zugleich, lässt sich beherrschen und entzieht sich dem Einfluss. Der Schatten ist in seiner Ambivalenz für Kinder ein höchst interessantes Forschungsobjekt." (Sommer in Haehnel, Söll 2008) Nicht nur für Kinder, möchte ich hinzufügen. In der Beschreibung eines persönlichkeitsorientierten Sprachlernens bietet das Schattenspiel eine zusammenfassende Schau aller bisherigen Gedanken. Es ist bestürzend zu sehen, dass diese Gedanken, vor rund einhundert Jahren in der Reformpädagogik formuliert, es weltweit nicht schafften, in unseren Regelschulen Platz zu nehmen. In Freinet-Schulen gehört das Schattenspiel zum Repertoire. Ein Grundschullehrer berichtet, dass das Neonlicht in seiner Klasse durch ein großes, weißes Tuch gefiltert wurde, welches wie ein Baldachin unter der Decke hing. Löste man auf einer Seite zwei Klammern, fiel das Tuch herunter, zwei Tische wurden umgestellt, der Overheadprojektor in Position gebracht und angeschaltet. Schon konnte es losgehen. „Gibt man den Schülern das Wort (Célestin Freinet) in dieser Weise und hilft man ihnen, ihre eigenen Spielinteressen zu formulieren, wird man staunen, wie viel Parodistisches, wie viel Slapstickhaftes und Realistisches durch einen freien Umgang mit dem Menschenschattenspiel hervorgelockt wird." (Haehnel, Söll, 2008, S. 18 f.) Legen Sie los? Vielleicht mit diesem Text?

> Der Hodscha kauft beim Fleischer eine dünne Scheibe Leber. Auf dem Heimweg begegnet er einem Freund, der ihm sagt, wie man Leber zubereitet. „Ich vergesse es bestimmt", sagt der Hodscha, „schreibe es mir doch bitte auf ein Papier." Und der Freund schreibt es ihm auf. Wie der Hodscha dann weitergeht, das Blatt mit dem Rezept in der einen Hand und der

Leber in der anderen, stößt plötzlich ein Milan herab und schnappt ihm die Leber weg. Der Hodscha rennt ihm hinterher, doch als er merkt, dass er den Vogel wohl nicht mehr erwischen wird, streckt er die Hand mit dem Rezept nach ihm aus und ruft: „Es wird dir nichts nützen, ich habe das Rezept!"
www.hekaya.de

Auf der Suche nach dem Verstehen des Textes lassen Sie ihn auf drei Standbilder reduzieren. Beim Metzger. Das Treffen mit dem Freund. Das Treffen mit dem Milan. Jedem Standbild lassen sich Sätze zuordnen:

Eine Scheibe Leber bitte, aber dünn.
An der Kasse bitte zahlen.
Leber, mein Lieblingsessen.
Weißt du, wie man sie zubereitet?
Hast du ein Rezept?
Schreibe es mir auf.
Himmel hilf, meine Leber.
Umsonst, Milan, ich habe das Rezept.

Posen zu Beginn und zum Ende jeder Szene zeigen gestisch-mimisch das Einfühlen in die Rolle und in die Situation. Die mündliche Beschreibung des Rezeptes kann auf Volapük erfolgen, einer spontan entwickelten Kunstsprache.
Worin liegt nun die Faszination des Schattenspiels? Das Licht reduziert die Personen und Dinge auf ihre Umrisse, verweist auf das Wesentliche. Der Spieler vergisst die Zuschauer, ist ja durch das Tuch von ihnen getrennt. Der Zuschauer vergisst, wer den Schatten wirft. Seine Imaginationskraft wird herausgefordert. Das Schattenspiel schafft bei kleinstem Aufwand mehr Atmosphäre. Das Licht kann bei jeder der drei Szenen wechseln, markiert dadurch stärker die Situation. Und das nur dadurch, dass auf die Glasfläche des Overheadprojektors eine andere farbige Folie aufgelegt wird, oder noch besser, diese Folien mit transparentem Klebeband wie ein Farbfilmstreifen über den Projektor gezogen werden, sodass die Szenen fließend ineinander übergehen können. Ja, im Schattenspiel ist vieles möglich. Da kann der Milan wirklich die Leber packen und mit ihr verschwinden. Und keiner sieht, was den Schatten von Milan und Leberscheibe wirft. Besonders wirkungsvoll ist das zu erreichen, wenn zwei Projektoren zur Verfügung stehen. Sie „werden im gleichen Abstand 3–4 m auseinander in einer Linie aufgestellt.

Die Lichtkegelgrenzen sollen in der Mitte der Schattenleinwand bündig aufeinandertreffen, sodass eine geschlossene Lichtfläche sichtbar wird. Auf dem Boden vor der Schattenleinwand entsteht zwischen den Lichtkegeln der Projektoren ein ‚magisches Schattendreieck'. Wenn die Spieler diese Zone betreten (Position P 2) verschwinden sie wie ins Nichts. Verlassen sie die Dunkelzone (Positionen P 1 und P 3) erscheinen sie wieder und das alles bei eingeschaltetem Licht."
(Carlos Malmedy 2010)

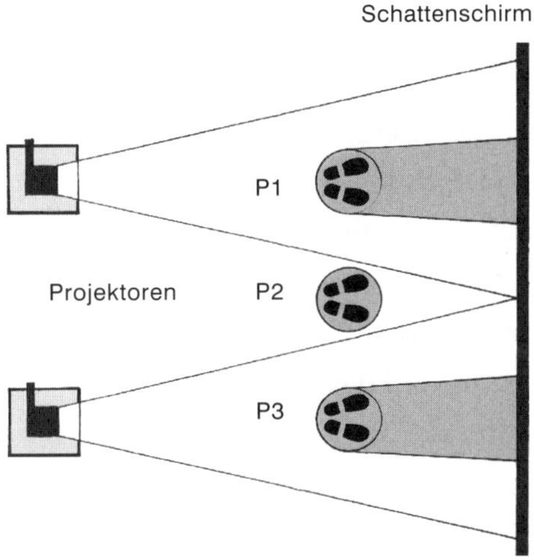

Natürlich könnte diese Szene auch mit Figurinen auf der Glasfläche des Projektors gespielt werden, mit Figurinen als Scherenschnitt oder aus Zeitungspapier gerissen. Mit kleinen Holzstäbchen oder mit Drahtstückchen lassen sie sich führen. Dazu braucht man natürlich keine Schattenleinwand, eine freie Wand genügt. Es ist aber von erhöhtem Reiz, wenn die Organisation des Spiels und die Technik der Projektion verborgen bleibt. Auch sind dadurch überraschende Effekte möglich. Stelle ich zum Beispiel eine Glasschale mit einer Spülmittellösung auf die Glasplatte, in die ich vorsichtig mit einem Trinkhalm blase, dann entstehen Seifenblasen, die auf der Leinwand einen Himmel suggerieren, in die der Milan mit seiner Leber im Schnabel hineinfliegt. Die Reduktion des Schattenspiels auf zwei Dimensionen vermehrt die Spielräume der Fantasie. Das gilt für die Spieler wie für die Zuschauer.
Schließlich lässt sich der Hodscha-Text auch als Objekttheater inszenieren. Tritt der Metzger auf der Leinwand als großes Messer auf, der Freund als alleswissen-

der Bleistift, Hodscha als Einfaltspinsel, der Milan als zupackende Gabel, dann gewinnt die Szene in ihrer Abstraktion eine zusätzliche Deutungsebene.
Halten wir fest: Improvisierend haben wir neue Geschichten entwickelt, ausgelöst durch die Antworten auf die sieben W-Fragen, die wiederum durch vorliegende Geschichten ausgelöst wurden. Beispiel: Tills Seiltanz. Improvisierend haben wir uns Geschichten genähert, sie auf Standbilder reduziert, sie zu Spielvorlagen präpariert. Beispiel: die Hodscha-Geschichte. Immer wieder sind es Geschichten, über die wir eine Sprache lernen. „Erzählungen lösen Erinnerungen aus. Wir üben diese Erinnerungen in den Erzählungen. In diesen Erzählungen erschaffen wir uns und unsere Position in unserem gesellschaftlichen Umfeld stets neu." (Schwerdtfeger 1993, 56) Was Schwerdtfeger hier als Grundgesetz der Narration beschreibt, als eine den Menschen und nur ihn kennzeichnende Fähigkeit, das haben wir schon in der Einführung, in der Beschreibung eines möglichen Unterrichts zum szenischen Lernen kennengelernt (s. S. 7). Mit diesem Lernen bahnt sich der Konstruktivismus, das von der Hirn-, Narrations- und Rezeptionsforschung Erkannte einen Weg in den Alltag des Unterrichts. In Geschichten selbst steckt eine didaktische Dimension. Sie wollen unterhalten, aber immer auch belehren. Sie erzählen, das ist für sie kennzeichnend, was merkwürdig ist, aber auch merkwürdig, was abweicht vom Alltäglichen, was wert ist, sich zu merken. Es war Walter Benjamin, der 1936 in seinem großen Erzählessay darauf hinwies: „Mit jeder wahren Erzählung habe es eine Bewandtnis. Sie führt offen oder versteckt ihren Nutzen mit sich. In jedem Fall ist der Erzähler ein Mann, der dem Hörer Rat weiß."
(Benjamin 1977, 443)
Das Verstehen wie das Suchen verlangen nach Improvisation. Das Schattenspiel verknüpft die bisher kennengelernten Möglichkeiten. Es ist „keine Technik, sondern eine Art szenischer Kunst, eine Sprache des Theatralischen, die sich unzähliger Techniken bedient". (Montecchi in Malmedy 2010, 21)
Ein Beispiel, wie das Theatralische einen Platz im Sprachlernen finden kann. Wilhelm Busch hat 1895 einen seiner wenigen Prosatexte geschrieben: „Der Schmetterling". Es sollte der letzte sein. Dramatisiert, im Wechsel von Menschen- und Schattentheater kann er zu einem attraktiven Text für deutschlernende Ichs werden. Und einen ganz anderen Blick auf Wilhelm Busch und sein Menschenbild liefern. Er ist eben nicht nur der Klassiker des deutschen Humors. Wagen Sie den Versuch. Die Kenntnis der Vorlage ist keine Voraussetzung für das Verstehen, wohl aber die in ihm steckenden Spielformen.

Der Schneider Peter, Junggeselle, gibt eines Tages sein Elternhaus auf, nimmt seinen Frack und seinen Hut, greift nach seinem Netz und folgt einem kunterbunten Schmetterling. Ihn muss er haben. Die Verfolgungsjagd bringt ihn in die schwierigsten und närrischsten Situationen.

Hier ein Auszug der dramatisierten Fassung.

(...)

Zwei Spieler mit Spaten treten als Käfer zu dem am Boden liegenden Peter.

Mistkäfer:	Guten Morgen! Grad hatten wir vor, dich unterzugraben.
Peter, *sich aufsetzend*:	Oho!
Totenkäfer:	Wir wollen Dumme säen. Gleich einen ganzen Acker, damit sie nicht alle werden.
Mistkäfer:	Man braucht halt Dünger.
Peter *will von sich ablenken*:	Wie ich sehe, habt ihr mehr schwarze Vögel als bunte Schmetterlinge.
Totenkäfer:	Für jede angenehme Erwartung gibt's mindestens drei unangenehme Möglichkeiten.

Inzwischen steht wieder die Schattenleinwand, und auf ihr erscheint der bunte Schmetterling.

Peter:	Ein Netz. Ich will hinaus.
Mistkäfer:	Wer will, der darf.
Totenkäfer:	Wie gesagt: drei unangenehme Möglichkeiten für eine angenehme.

Peter eilt mit dem Netz zur Leinwand, tritt hinter sie, versucht vergebens den Schmetterling in der Luft zu fangen. Der setzt sich jetzt an den unteren Leinwandrand. Peter tritt mit dem Fuß auf ihn. Geschrei. Dampf. Peter humpelt aus dem Bild, stellt sich neben zwei andere Spieler, einen Bauern und eine feine Madame, neben die Leinwand: ein Wartezimmer wird angedeutet.

Der Doktor tritt auf, eine Art Doktor Eisenbart, mit aufgekrempelten Hemdsärmeln und einer Schürze. Der Bauer, in der Hand eine Mütze, tritt zu ihm, wird zum Schattenriss.

Doktor:	Wie alt ist denn eure Frau?
Bauer:	So fünfzig bis sechzig.
Doktor:	Schlagt das Weib tot. Mit der ist nichts mehr zu machen. Adieu!

Bauer *dreht sich um, klatscht freudig in die Hände, zu den Patienten im Wartezimmer*: Das ist noch ein Doktor.

Wenn er einsieht, es hilft doch nichts, so erspart er einem die Kosten.

Bauer ab.

Madame, *eintretend*: Ach, Herr Doktor! Ich weiß nicht, ich bin immer so unruhig.
Jede Stund in der Nacht hör ich den Wächter blasen.
Und ich fürcht mich so vor Mäusen und schlechten Menschen.
Das macht gewiss die Nervosität.

Doktor: Ein neumodisch Wort.
Sonst nannte man es ein böses Gewissen.
Halten Sie Ihre Zunge im Zaum.
Seien Sie freundlich zu Ihren Dienstboten.
Viel Wasser. Wenig Likör.
Gute Besserung, Madame.

Die Patientin segelt entrüstet ab.

Peter tritt humpelnd ein, setzt sich auf einen Stuhl.

Doktor: Lasst mal sehen. Es ist nur zur Probe.

Doktor schneidet großen Zeh ab und betrachtet ihn unter einem Vergrößerungsglas.

Doktor: Habe es gleich gedacht. Ein richtiger Höllenbrand. Kurz ab, das ist das beste.

Peter: Ist's lebensgefährlich?

Doktor: Warum das nicht? Aber wenn es schief geht, wird die Welt zur Not auch ohne euch fertig werden. Seht mich an. Heut wenn ich sterb, ist morgen ein anderer da.

Doktor packt das Bein und sägt es ab.

Stimmen der anderen Spieler: Gnatsch, gnatsch! Ratz, ratz! Hump!

Doktor: Da! Ihr Fuß ist sie losgeworden.
Reiche Frau heiraten. Alles in Ordnung! Gratuliere!
Und glückliche Reise!

(...)

(Kirsch 2008)

Üblicherweise wird solch ein Prosatext gelesen, auf Stühlen hinter Tischen sitzend. Die bei dieser Tätigkeit entstehenden sinnlichen konkreten inneren Bilder werden nicht thematisiert. Literarische Texte lesen, das heißt, nach den globalen Kannbeschreibungen „dem Gang der Gedanken und Geschehnisse folgen und so die Gesamtaussage und viele Details verstehen.

- Kann in einer Kurzgeschichte die Beziehung der Personen untereinander verstehen.
- Kann in einem kurzen Roman die Handlungsmotive der Personen verstehen.
- Kann in einer biografischen Erzählung verstehen, welche Ereignisse aus dem Leben der Hauptfigur für ihre jetzige Situation mitverantwortlich sind.“ (Glaboniat u. a. 2002, 127)

In dieser kognitiven Beschreibung vom Lesen, einer der zwei rezeptiven Fertigkeiten, fehlen völlig die emotionalen, imaginären und körperlichen Aspekte, die zeigen, wie Sprache gemeint ist, wie Literatur die Bildung von Vorstellungen trainiert, ein ganz entscheidender Aspekt beim Lernen einer anderen Sprache, beim Übersetzen in das Land dieser Sprache. All das aber wird geleistet, werden Stuhl und Tisch verlassen, beginnt man sich in Peter und in seine Jagd nach dem kunterbunten Schmetterling einzufühlen, wird ahnbar, wie nahe der Schneider Peter dem Dichter, Schreiber und Zeichner Wilhelm Busch kommt. All das leistet szenisches Lernen in der Übernahme schauspielerischen Handwerks und theatraler Formen. So wird Unterrichten zur szenischen Kunst.

6. Szenisches Lernen in Projekten

Vorwärtswerfen, proicere bedeutet die lateinische Wurzel des Wortes Projekt. Und nach vorne zu blicken gehört dann auch zu einem Projekt, das auf ein Ziel, ein Produkt gerichtet ist. Zu den SMART-Regeln des Projektes gehören dann auch: spezifisch, messbar, akzeptiert, realistisch, terminiert. Übertragen auf Projektarbeit, über die Reformpädagogik und den Amerikaner John Dewey (s. S. 23), im letzten Jahrhundert als Lernen durch Handeln in die deutschen Schulen gekommen, wird daraus LAKAP, lerner- und aufgabenorientiert, kooperativ, außergewöhnlich, produktorientiert. Projekte sind also nicht die Regel im Alltag des Sprachenunterrichts. Sie ergänzen die Arbeit am Lehrwerk. Die Bezeichnungen „leitender Teilnehmer" für Ihre Ichs und „teilnehmender Leiter" für Sie verweisen auf die veränderten Rollen im Lernprozess. Sie sind zwar noch der sprachliche und fachliche Experte, sehen aber auch, wo selbstbestimmtes Lernen seinen Platz braucht. Sie erkennen sicher die Nähe von szenischem Lernen und Projektarbeit und darum jetzt einige Arbeitsfelder, auf denen Sie als „Human Resource Manager" tätig werden können.

6.1. Zeitungstheater

Sie kennen sicher Zeitungsmeldungen mit Schlagzeilen wie diesen: Hotelgäste schlafen über Frauenleiche. Entflohener Schlange droht Hungerstod. Falscher Schamane wegen Betrugs verurteilt. Sie finden sie meist auf der letzten Seite, unter Vermischtes oder Panorama.
Sie sammeln solche Texte, kopieren sie und kleben sie auf die Titelseite irgendeiner alten Zeitung. Jedes Ich muss eine Zeitung finden. Sie stapeln die so präparierten Titelseiten auf mehreren Stühlen im Raum verteilt. Alle gehen, schlendernd, oft die Richtung wechselnd, kommen an den Zeitungsständern vorbei, lesen im Weitergehen die Meldungen. Eine spricht sie an, eine wird ausgewählt, aus den Zeitungslesern werden Zeitungsverkäufer. Sie rufen ihre ausgewählte Schlagzeile, experimentieren damit, wie sie, mit passender Körpersprache, gerufen werden kann. Die Schlacht der Titel beginnt: ein Chaos der Stimmen. Zeitungen mit gleicher Schlagzeile finden sich zusammen, formen ein Tableau vivant, frieren in ihren Posen ein. Die lebenden Bilder sind durch Sie in eine Stimmenskulptur zu verwandeln.

Jede so sich gefundene Gruppe formt jetzt einen Kreis. Ein Beispiel für eine Schlagzeile und ihren Text und für die Weiterarbeit damit.

Falscher Schamane wegen Betrugs verurteilt
Statt Meditation hat ein hilfesuchender Mann von einem selbsternannten Schamanen nur Gewürzgurken bekommen. Weil der 35 Jahre alte Scharlatan dafür auch noch 20 000 Euro kassierte, verurteilte ihn das Hamburger Amtsgericht am Montag wegen Betrugs zu acht Monaten Haft auf Bewährung. Der Friseur hatte dem 45-jährigen Opfer, das er bei einem Mallorca-Urlaub kennengelernt hatte, versprochen, ihn von den Folgen eines schweren Motorradunfalls zu heilen. Statt spiritueller Meditation bekam der Kranke aber lediglich zwei Gurken bei Vollmond zu essen, die nach seiner Aussage einen starken Rausch ausgelöst hatten. „Das ist Scharlatanerie", sagte der Richter. Die Staatsanwaltschaft ging davon aus, dass der Friseur die Gurken mit LSD präpariert hatte. Das Gericht folgte dem nicht.

Die Zeitungsmeldung sollten Sie natürlich dem sprachlichen Niveau Ihrer Ichs angepasst haben. Sie müssen sie ja ohne fremde Hilfe bei der ersten Lektüre zumindest grob verstanden haben.
In den Kreis geben Sie ein Reissäckchen, ein schnell geknoteter Schal tut es auch. Diesen Plumpsack wirft man sich zu, und dazu spricht man eine Assoziation, eine Assoziation, die sich bei der Lektüre der Meldung mit ihrer Schlagzeile eingestellt hat, vielleicht auch das Motiv lieferte, sich gerade für diese Zeitungsmeldung zu entscheiden. Alle im Kreis müssen sich äußern, durch den zugeworfenen Plumpsack aufgefordert.
Mit dem gleichen Verfahren wird in einer zweiten Runde eine Konkretisierung der Assoziation gefordert. Sie beginnt mit: Ich sehe ... wie der Friseur im Vollmond die zwei Gurken übergibt. Jetzt wird mit dem Satz eine zu ihm passende Körperhaltung gekoppelt, in ihr verharrt. Der Plumpsack hat ausgedient. Aus dem Kreis ist ein Skulpturenring geworden.
In einer dritten Runde beginnt ein Ich mit einer weiteren Assoziation und einer dazu passenden Körperhaltung, zum Beispiel: Ich sehe ... den Gurkenesser im Vollmond. Der Satz und die Körperhaltung werden an den Nachbarn weitergegeben, der sie wie ein Spiegel übernimmt, bis schließlich der ganze

Kreis die Pose eingenommen hat. Das kann sich für jeden Mitspieler wiederholen.

In einer vierten Runde präsentieren die aus den Schlagzeilen gebildeten Kreise sich gegenseitig ihre Ergebnisse. Sie sind aus einer intensiven gedanklichen und körperlichen Auseinandersetzung mit einer Zeitungsmeldung entstanden.

Schließlich beginnt in jeder Gruppe eine fünfte Runde. In ihr soll eine Situation aus der jeweiligen Zeitungsmeldung ausgewählt werden. Jeder wird zu einer in ihr beteiligten Person. Aus dem Situieren, Personifizieren wird schließlich improvisierend ein Agieren, das, so Ihre Vorgabe, in einer Pointe, einer überraschenden Wende enden muss. Die in den Gruppen entstandene, mit Sprache gekoppelte Diashow wird präsentiert.

Sie sehen, im Projekt Zeitungstheater kehren alle bisher vorgestellten Verfahren des szenischen Lernens wieder, bekommen ihren Platz im Projekt.

Statt der Zeitungen können auch literarische Werke die Vorlage liefern. Hier Zeitungsmeldungen, formuliert aus den Werken Wilhelm Buschs.

Zwillinge terrorisieren ein Dorf

Eine erneute Untat traf gestern Schneidermeister Böck. Er passierte den Steg über den Bach an seinem Haus. Der Steg brach ein und unser hochgeschätzter Schneider plumpste ins Wasser. Dank seiner Frau ist er jetzt aber wieder wohlauf. Untersuchungen am Steg verweisen auf ein neues Attentat.

Erziehung führt zu geschäftlichem Erfolg

Magister Bokelmann stellte gestern in der Aula unseres Gymnasiums ein erfolgreiches Erziehungsprogramm vor. Aus zwei nichtsnutzigen Knaben wurden in kürzester Zeit zwei artige und charmante junge Erwachsene, die das erfahrene Programm zugleich auf zwei Hunde übertrugen. Die ihrerseits konnten mit der gerade erworbenen Kunst erfolgreich um Geld bitten.

Junggeselle auf Brautschau

Auf dem gestrigen Volksfest tanzte der stadtbekannte Junggeselle Tobias Knopp unter großem Beifall mit mehreren Damen. Durch einen unglücklichen Sturz beim Rückgang zu seinem Tisch riss seine Hose, und er musste unter großem Gelächter den Festplatz verlassen. Augenzeugen berichten, dass der Sturz durch einen verärgerten Konkurrenten ausgelöst worden sei.

Mordanschlag auf einen Kritiker

Unser fester Feuilletonmitarbeiter Dr. Hinterstich überlebte vor zwei Tagen gerade noch einen heimtückischen Anschlag in unserer Redaktion. Anlass war der Verriss des Porträts „Berthold Schwarz, der Erfinder des Schießpulvers“ in der Jahresausstellung des Kunstvereins. Der kritisierte Maler meinte, sich rächen zu müssen. Aus Ermittlungsgründen berichten wir erst heute von dem Vorfall.

Moderne Circe schlägt erneut zu

Wieder ist ein Knabe, unbeaufsichtigt aus dem Haus getreten, in die Fänge einer verdächtigen Frau geraten. Ihr wird unterstellt, durch Hexereien Menschenkinder in kleine Quiekeschweine zu verwandeln. Der Fall ist an die örtliche Polizei weitergegeben worden.

Mensch wechselt den Aggregatzustand

Heute erreichte uns die Nachricht, dass ein in bitterer Kälte erfrorener Mensch sich total verflüssigte. Das Ergebnis ist in unserem Naturkundemuseum täglich während der üblichen Öffnungszeiten zu besichtigen.

Scheintote erwacht

Eine große Überraschung erlebte eine Trauergesellschaft, als beim Leichenschmaus mit dem Witwer die gerade begrabene Ehefrau durch die Tür trat. Alle suchten entsetzt das Weite.

Gewagtes menschliches Experiment

In einem physikalischen Selbstversuch wurde jetzt nachgewiesen, welche Wärme eine schnelle Handbewegung entwickeln kann. Trotz der schmerzhaften Erfahrung ist der Versuch als gelungen zu bezeichnen.

Des einen Leid, des andern Freud

Ein seit fünfzig Jahren sich treffender Stammtisch erlebte eine böse Überraschung. Statt des erwarteten Bäckermeisters kam der Lehrjunge und berichtete von seinem Tod. Alle am Tisch waren tief betroffen. Nur einer lachte: der konkurrierende Bäcker.

Mann in der Falle

Für seine Frühlingsgefühle musste ein älterer Mann schmerzhaft büßen. Nach einem Tanzfest verfolgte er das angebetete Mädchen, sah Licht in ihrem Zimmer und kletterte am Spalierobst hoch zu dem geöffneten Fenster. Gerade mit den Händen am Fensterrahmen, schlug das Fenster donnernd zu. Der Schmerz der eingeklemmten Hände wurde durch das Gespött der herbeigerufenen Dorfjugend noch erhöht.

Unglück bei der Schmetterlingsjagd

Zu einem ungewöhnlichen Unglück kam es bei der Jagd nach einem besonders schönen Exemplar eines Schmetterlings. Beim Versuch, ihn mit dem Netz zu erhaschen, stürzte der Fänger und konnte nur noch in die nächste Arztpraxis gebracht werden. Dort ist er seinen Fuß losgeworden. Als Trost riet ihm der Chirurg, eine reiche Frau zu heiraten.

Es ist sicher sehr reizvoll, die aus diesen Zeitungsmeldungen entstandenen Szenen mit den entsprechenden Bildergeschichten von Busch zu konfrontieren, wobei Sie aber jede Wertung unterlassen sollten. Erinnern Sie sich an die Erkenntnis der Konstruktivisten: Es ist der Mensch, der Wahrheiten herstellt (s. S. 24).
Das hier beschriebene Zeitungstheater hat zwei große historische Quellen und zwei große aktuelle Vertreter. Sie sollten sie kennen, denn, so schrieb ich im Vorwort, es geht um ein verändertes Bewusstsein. Sie sollten also wissen, warum Sie Verfahren des szenischen Lernens einsetzen und woher sie kommen. Unterrichten ist nicht ein Griff in die methodische Handwerkskiste. Unterrichten ist szenische Kunst (s. S. 71).
Da ist einmal Jacob Levy Moreno, amerikanischer Psychiater rumänischer Herkunft (1892–1974). Er praktizierte ab 1910 in Wien, wanderte 1925 in die USA aus und wurde 1951 Professor an der Universität New York. Moreno begründete die Soziometrie und die Gruppentherapie und darin das Psychodrama. Sein Ausgangspunkt war das Stegreifspiel von Kindern, das er in den Gärten von Wien initiiert und beobachtet hatte. Grundlage seiner Aktionsmethoden zur Erkundung der Lebensinhalte eines Menschen ist die schöpferische Spontaneität. Sie ist eine adäquate Reaktion auf neue Bedingungen oder eine neue Reaktion auf alte Bedingungen. Kreativität ist für Moreno die Fähigkeit des Menschen zu schöpferischen Handlungen, zur schöpferischen Gestaltung von Realitäten. Sie ist für ihn die formende Substanz im schöpferischen Akt eines Menschen. Zu diesen Methoden gehört die lebende Zeitung (Moreno 1924).
Da ist zum anderen Augusto Boal, 1931 in Rio de Janeiro geboren. Er ist einer der bedeutendsten brasilianischen Theatermacher. Zwischen 1956 und 1971 entwickelte er als Theaterleiter in São Paulo neue Darstellungstechniken, durch welche die Zuschauer von Konsumenten zu Handelnden wurden, zu Akteuren ihres eigenen Lebens. 1971, verhaftet und gefoltert, ging er ins Exil nach Europa, kehrte 1986 nach Rio de Janeiro zurück. Sein Konzept ist stark geprägt von der Pädagogik der Unterdrückten von Paulo Freire, 1921 geboren, in der unterprivilegierte Gruppen sich ihrer Lebenssituation politisch bewusst werden und sich aus ihr befreien. Boal nannte daher auch sein Theater, in dem politisches und erzieherisches Lernen, Aktion und Reflexion praktiziert werden, das Theater der Unterdrückten. Boals Zeitungstheater wurde nach dem Militärputsch 1968 entwickelt, nachdem Volkstheater vor einem größeren Publikum nahezu unmöglich wurde.

Und heute?
Da ist Daniel Feldhendler zu nennen, 1947 in Paris geboren, Lektor für Französisch an der Johann-Wolfgang-Goethe-Universität in Frankfurt. Er hat Boals Theaterarbeit auf den Sprach- und Literaturunterricht übertragen und Lern- und Lehrverfahren daraus entwickelt (Feldhendler 1989).
Und da ist Bernard Dufeu, 1941 in Frankreich geboren. Er ist wissenschaftlicher Mitarbeiter der Johannes-Gutenberg-Universität in Mainz und hat aus allen diesen Ansätzen eine Psychodramaturgie des Fremdsprachenerwerbs entwickelt als ein Weg zu einer Pädagogik des Seins (Dufeu 2003).
In einer sechsten Runde kann nun sicher ein sehr interessanter Bogen zu den historischen Quellen, zu Boals Fenstertheater geschlagen werden. Boal hat elf Techniken des Zeitungstheaters zusammengestellt. Aufgabe wäre es nun, die Zeitungsmeldung und die daraus als Diashow entwickelte und präsentierte Szene nach einer der elf Techniken zu überarbeiten und so die gesellschaftliche Situation bewusst zu machen, aus der die Zeitungsmeldung auftaucht. Warum wird über den Fall berichtet? Zeitungstheater sollte auf diese von Boal benutzte politische und erzieherische Funktion nicht verzichten.

1. Einfaches Lesen
Die Scharlatanerie ereignete sich in Mallorca, eine gerade von Deutschen sehr beliebte Ferieninsel, vorrangig von Billigfliegern angesteuert. Das Nachtleben dort lieferte schon viele Schlagzeilen. Die, die der Friseur mit seiner Rezeptur lieferte, passt dazu, festigt das Bild, das der Zuhörer der gelesenen Nachricht hat.
2. Vervollständigendes Lesen
Zeitungen unterschlagen häufig Informationen. Eine Meldung ergänzen heißt nun, Hintergrundinformationen hinzuzufügen. Lassen Sie doch mal in Google eingeben: Drogen auf Mallorca. Sie und Ihre Ichs werden staunen. So könnte der Friseur einem Drogenring angehören, für den er LSD vertreibt. Noch viele andere könnten betroffen und geschädigt sein. Eine Schlagzeile „Drogenhandel auf Mallorca" ist sicher auch von den Reiseveranstaltern nicht gewünscht.
3. Gekoppeltes Lesen
„Nicht selten bringen Zeitungen in ein- und derselben Ausgabe Meldungen, die einander widersprechen, sich gegenseitig dementieren oder aufheben. Nacheinander gelesen ergeben sie einen neuen Sinn." (Boal 1989) Denkbar wäre in

unserem Fall aus der Seite Vermischtes, dass unter Wirtschaft die Touristikzahlen Mallorcas kritisch betrachtet werden, dass unter den politischen Nachrichten Spaniens Nachdenken über Bauanträge Deutscher gemeldet wird und im Feuilleton von der literarischen und musikalischen Avantgarde der Insel.

4. Rhythmisches Lesen

Durch Rhythmen werden Assoziationen geweckt. Lassen Sie die Zeitungsmeldung doch mal wie einen Flamenco sprechen.

5. Untermaltes Lesen

Wie beim vervollständigenden Lesen wird jetzt die Meldung mit Phrasen, Kommentaren und Werbeaussagen garniert. Mallorca – Leben erleben! Richter irrt! Bei Ballermann sind die Räusche billiger!

6. Pantomimisches Lesen

Zwischen Text und Präsentation soll ein Gegensatz entstehen, soll die Meldung karikiert werden. Lachend wird der Urteilsspruch vom Angeklagten kommentiert, der Kläger zeigt uns pantomimisch seinen Unfall als Albtraum.

7. Improvisierendes Lesen

Als Variante zur vorherigen Technik wird jetzt zum Beispiel die Gerichtsverhandlung nachgespielt.

Mimik und Gestik wirken dabei entlarvend.

8. Historisches Lesen

Die Gerichtsverhandlung wird zu früheren Zeiten in Beziehung gesetzt. Wie verhielten sich früher die Beteiligten des Prozesses? Wie in anderen Kulturen und Gesellschaftsordnungen?

9. Konkretisierendes Lesen

Wir sind durch Nachrichten überflutet, von ihrem Vokabular abgestumpft. Werden Szenen, die Behandlung, die Urteilsverkündung aber konkret gespielt, ist zu sehen, was verbrauchte Wörter nicht mehr zeigen. Wie lief die spirituelle Meditation ab? Wie traumatisiert war das Opfer durch seinen Unfall?

10. Pointiertes Lesen

Eine Meldung wird durch denkbare, aber nicht abgedruckte andere Meldungen kommentiert. Etwa so: Opfer eines Motorradunfalls nimmt Bankdarlehen auf, um sich zu heilen.

11. Kontext-Lesen

Die Zeitungsmeldung wird in szenische Darstellungen gebettet, die zum Beispiel zeigen, warum der Friseur, warum der Traumatisierte auf Mallorca war, wie sie vor dem Urlaub gelebt haben, wie und wo sich die beiden kennengelernt haben, warum es zur Anzeige kam.

Sie sehen, Boals elf Techniken liefern eine Fülle von Anregungen, einen Text zu befragen. Immer steht dahinter, sich in Menschen und ihre Situation einzufühlen. Meist ist es auch ein Einfühlen in das Leben in dem Land, in dessen Sprache man sich übersetzen ließ. Interkulturalität wird spürbar.

6.2 Lernwerkstatt

„Und was habt ihr heute in der Schule gelernt? Jeder etwas anderes." Der Alltag ist weit entfernt von solchen Dialogen, denn, auch wenn von Individualisierung viel geredet wird, Lernen erfolgt meist doch noch im frontal sitzenden Kollektiv. Das aufzulösen ist notwendig für das szenische Lernen, vielfach bisher beschrieben, mit Begriffen gekennzeichnet wie Individuum, Identifikation, Selbstkonzept (s. S. 27 f.). Von Ihren Ichs schreibe ich, wenn es um Ihre Sprachlerner geht, mit dem Ich begann ich, um Sie in das szenische Lernen einzuführen. Alle wissenschaftlichen Erkenntnisse bestätigen diesen Weg. Diese Ichorientierung muss eingebettet sein in Formen des sozialen Lernens, in Phasen der Arbeit im Team. Die Lernwerkstatt bietet solche Phasen. In Form von Stationen, die wie bei einem Zirkeltraining zu bewältigen sind, wird in Teams ein Arrangement von Lernsituationen durchlaufen. Die Aufgaben an den Stationen sind stark von Verfahren des szenischen Lernens bestimmt.

Ein Beispiel. Sie haben Schiller und seine „Räuber" als Thema des Sprachlernens.
Aufgabe:
Fühlen Sie sich mit Hilfe der nachfolgenden Beschreibung in eine der drei Personen ein. Suchen Sie sich eines der angebotenen Zitate für diese Person aus. Lassen Sie sich mit der Digitalkamera an der Station in der Pose fotografieren, die Sie zu der Person und ihrem Text gefunden haben.
Hängen Sie Ihr Bild an die Wandzeitung bei der Station und kleben Sie das Zitat als Sprechblase dazu.

Karl

Der Erstgeborene und der Lieblingssohn des Vaters, eine strahlende Erscheinung mit vielen Talenten. Als Student hat er ein wildes Leben geführt, ist er aus der Gesellschaft ausgestiegen. Er hasst deren Aufgeblasenheit und Heuchelei. Durch die Intrige von Franz scheint er vom Vater verstoßen zu sein. Er wird zum Räuber, um sich zu rächen.

Er wird leicht als edler Räuber gesehen, man zögert, ihn einen Verbrecher zu nennen. Seine Handlungen sind aber nicht weniger kriminell als die seines Bruders Franz, in den Auswirkungen sogar weit problematischer.

Das soll ein schönes Leben sein?
Alles ist geregelt.
Freunde, ich bin am Ende.
Ich heb meinen Dolch auf.
Ich will euch niemals verlassen.
Wie herrlich die Sonne untergeht.
Wie sie zu leben, zu sterben wie sie.
Mein Lieblingsgedanke als Bub.

Franz

Der zweite Sohn, beim Vater immer im Schatten seines Bruders Karl. Von Natur aus hässlich, besitzt er einen scharfen Verstand und eine brutale Ader. Beides setzt er skrupellos ein, um sein Ziel zu erreichen: sich am Vater und am Bruder für die erlittene Schmach und Zurücksetzung zu rächen und Herr im Schloss zu werden.

Wäre doch gelacht, wenn ich das Papasöhnchen nicht klein bekäme.
Warte! Du sollst noch vor mir zittern.
Es dauert mir zu lange.
Das Leben eines Alten ist doch eine Ewigkeit.
Verraten. Verraten.
Das Totenreich brüllt: Mörder!

Amalia
Verlobte von Karl, die einzige weibliche Figur des Stückes. Sie ist eine eigenwillige junge Frau, temperamentvoll, keineswegs eine sanfte Dulderin, die auf die Rückkehr ihres Verlobten wartet. Sie durchschaut die bösen Absichten von Franz, glaubt aber auch der Geschichte von Karls Tod. Überwältigt von der Liebe zu Karl und von der Erkenntnis, dass sie sein Leben nicht teilen kann, fordert sie ihren eigenen Tod.

So einer bist du.
Denkst, du könntest seine Abwesenheit ausnützen.
Sein letzter Seufzer Amalia.
So ist es wahr: Er ist tot.
Das Kloster: Das Kreuz des Erlösers
ist die Freistatt der betrogenen Liebe.
Um aller Erbarmung willen.
Ich will ja nicht Liebe mehr.
Tod ist meine Bitte nur.

Jede Personenbeschreibung und die zu ihr gehörenden Zitate stehen auf einer Karteikarte. Jedes Team besucht die Station. Eine, einer aus dem Team löst die gestellte Aufgabe, mithilfe des Teams, von ihm beraten. Das entstandene Foto und das dazu ausgewählte Zitat wird auf die Wandzeitung bei der Station geklebt. Nach dem Durchlaufen aller Stationen gibt es ein Plenum, in dem die Ergebnisse des Stationenlernens vorgestellt und die dabei gemachten Erfahrungen reflektiert und diskutiert werden. Die entstandene Wandzeitung wird ein Thema dieses Plenums sein.
Schiller gehört zu den meist zitierten deutschen Dichtern. Es gibt keinen, Goethe eingeschlossen, von dem so viele Wendungen in der Alltagssprache existieren. Hier ein zweites Beispiel für eine Station einer Lernwerkstatt zu Schiller.

Aufgabe:

Testet Euer Sprachgefühl. In jedem Dreierpack ist ein Zitat nicht von Schiller. Welches?

1 a. Spät kommt Ihr, doch Ihr kommt.
  b. Ich hab hier nur ein Amt und keine Meinung.
  c. Musik wird oft nicht schön gefunden, weil sie stets mit Geräusch verbunden.

2 a. Das Gute – dieser Satz steht fest – ist stets das Böse, was man lässt.
  b. Es kämpfe jeder seine Schlacht allein.
  c. Alles rennet, rettet, flüchtet.

3 a. Es kann der Frömmste nicht in Frieden bleiben, wenn es dem bösen Nachbarn nicht gefällt.
  b. Einszweidrei, im Sauseschritt läuft die Zeit, wir laufen mit.
  c. Wie kommt mir solcher Glanz in meine Hütte?

4 a. Freu dich des Siegs, vergiss, was er dich kostet.
  b. Der brave Mann denkt an sich selbst zuletzt.
  c. Wenn mir aber was nicht lieb, weg damit! ist mein Prinzip.

5 a. Vater werden ist nicht schwer, Vater sein dagegen sehr.
  b. Daran erkenn ich meine Pappenheimer.
  c. Dem Mann kann geholfen werden.

6 a. Der Mohr hat seine Schuldigkeit getan, der Mohr kann gehen.
  b. Seid umschlungen Millionen!
  c. Rotwein ist für alte Knaben eine von den besten Gaben.

7 a. Das Schönste aber hier auf Erden ist lieben und geliebt zu werden.
  b. Die Liebe ist der Liebe Preis.
  c. Beim wunderbaren Gott – das Weib ist schön.

8 a. Was tun?, spricht Zeus.
  b. Sein Prinzip ist überhaupt: Was beliebt ist auch erlaubt.
  c. Auch das Schöne muss sterben.

9 a. Die Sterne lügen nicht.
  b. Schnell fertig ist die Jugend mit dem Wort.
  c. Es ist ein Brauch von alters her: Wer Sorgen hat, hat auch Likör.

Ihr habt nun 18 richtige Schiller-Zitate. Zum Sprachgefühl kommt nun das Sprachverständnis. Wählt als Gruppe eines der Zitate aus. Entwickelt dazu eine

Alltagsszene, an deren Ende das Zitat gesprochen wird. Präsentiert im Plenum nach dem Besuch aller Stationen die Szene als Diashow.
Lösung, für Ihre Kontrolle:
1c, 2a, 3b, 4c, 5a, 6c, 7a, 8b, 9c sind nicht von Schiller. Sie stammen von Wilhelm Busch.

In der Lernwerkstatt liegt die richtige Lösung zur Selbstkontrolle in einem Briefumschlag an der Station selbst.
Ein letztes Beispiel einer Station, die zeigen soll, wie alle Sinne in einer Lernwerkstatt angesprochen werden, wie sie einem Kopf-Hand-Herz-Test genügen sollen.

Station Räuberknoten
Um sich ein wenig auch in die Räuberwelt und das Räuberleben einfühlen zu können, hier die Technik des Räuberknotens. Man kann damit Pferde festbinden, aber mit einer einzigen Handbewegung sie auch befreien, wenn man schnell fliehen muss.
Materialien:
Ein Stück Schnur, nicht zu dünn.
Ein Stück Holz, etwa von der Stärke eines Besenstiels.

1 Legen Sie eine Schlaufe um das Holzstück, so wie auf dem Bild.

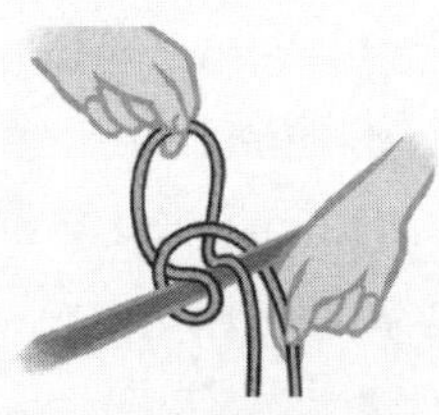

2 Nehmen Sie das kurze Ende der Schnur doppelt und schieben Sie es von vorne durch die Schlaufe hindurch.

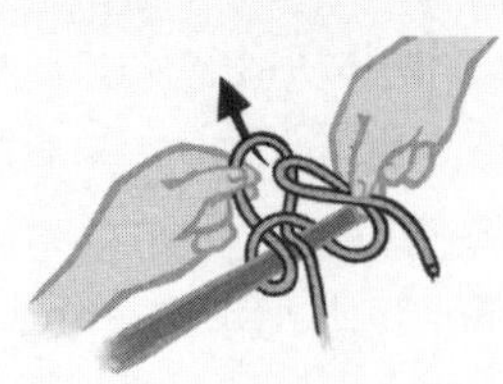

3 Ziehen Sie den Knoten
fest zusammen.
Ziehen Sie am langen Ende
so fest, wie Sie wollen:
Der Knoten hält.
Am kurzen Ende dagegen:
Ein kleiner Ruck und die Schnur
gibt das Holzstück frei.

Drei Beispiele für eine Lernwerkstatt, hier zu Schiller und seine „Räuber", Beispiele für Schritte hin zum individuellen Lernen. Es ist ein Lernen mit allen Sinnen. Dabei wird Wissen erworben, werden bisherige Erkenntnisse überprüft, Gelerntes geübt. Die Reihenfolge für den Besuch einer Station spielt keine Rolle, alle Aufgaben müssen aber gelöst werden. Lösungen können an der Station kontrolliert werden, aber nicht an jeder Station gibt es ein richtig oder falsch.
Sicher, Lernwerkstätten fordern eine umfangreiche Vorbereitungszeit, doch gewinnt man dadurch im Unterricht einen freien Blick auf andere für ihn wesentliche Aspekte wie Interaktions- und Kommunikationsverläufe und das Sozialverhalten.
Sicher, Schiller und die „Räuber", das ist schwere Kost, aber sicherlich ein gewichtiger Exportartikel deutscher Kultur. Ihn vom Interpretationsstaub zu befreien und ihn, wieder blank geputzt, als Spiegel zu gebrauchen, in dem sich gerade Jugendliche mit ihren Problemen erkennen können, das ist sicher eine große Möglichkeit, den Sprachenunterricht aus den Zwängen des Nützlichkeitsdenkens zu befreien und ihn wieder als Instrument der Persönlichkeitsentwicklung zu benutzen.
Im Schillerschen Pathos formuliert: Der Menschheit ihren Lehrer zu erhalten.

6.3 Rucksackbibliothek

Lernen und Lesen sind individuelle Handlungen. Erst in der Institution Schule wurden sie kollektiviert: Alle lernen in der Klasse das Gleiche. Im Sprachenunterricht führt das in der Regel zum gemeinsamen Erarbeiten der Lehrwerkkapitel, und wenn daneben dem Lesen noch ein gesonderter Platz eingeräumt wird, dann ist es eine Klassenlektüre, die Lektüre eines Buches, das alle lesen.

Die Rucksackbibliothek ist der Versuch, diesen Prozess umzukehren, Lernen und Lesen wieder möglichst nahe an die individuellen Interessen und Bedürfnisse heranzuführen. Sie ist aber auch der Versuch, dem Lesen selbst, der Literatur mehr Raum zu geben. Wenn das Lernen einer anderen Sprache als zweite Sozialisation zu sehen ist, dann müssen Bücher als wichtige Sozialisationsagenten des Spracherwerbs einen festen Platz darin haben, öffnen sie doch die Welt der neu zu lernenden Sprache, zeigen und analysieren sie die in ihr herrschenden Denk- und Verhaltensweisen.
Auf dem Weg, Bücher erfolgreich zu nutzen, liegen zwei miteinander verbundene Stolpersteine. Der eine entsteht aus der Differenz zwischen den Interessen der Lernenden und ihrer Kompetenz in der anderen Sprache. So werden meist Texte zum Inhalt von Unterricht, deren Banalität sich der muttersprachliche Unterricht immer verweigern würde. Der andere rührt von der geistigen Technik, der psychischen und auch physischen Kraft, die das Lesen fordert, sind doch Bücher meist schon durch ihren Umfang abstoßend.
Das methodische Mittel der Rucksackbibliothek, von Manfred Huth in Spanien entwickelt und zu einem internationalen DaF-Projekt ausgeweitet (siehe dazu www.manfred-huth.de/fbr/rucks/euro.html) habe ich durch die Theorie und Praxis des szenischen Lernens modifiziert, auch um die beiden beschriebenen Stolpersteine aus dem Weg zu räumen.
Ihr Inhalt stammt aus der aktuellen Buchproduktion der deutschen Kinder- und Jugendliteratur, gibt also wieder, was inhaltlich den Markt bewegt, was ihn sprachlich und ästhetisch bestimmt. Er beschränkt sich auf den Bereich des Bilderbuchs, also auf textarme Bücher, die sich an den Interessen Jugendlicher orientieren, aber durch den geringeren Umfang doch leicht in der Hand liegen. Sie sollen Leselust bei noch erträglicher Leselast versprechen.
Lernen und Lesen beruhen auf dem Bewertungssystem unseres Gehirns (s. S. 22). Das ist ja, wie wir gesehen haben, eines der wichtigsten Ergebnisse der Hirnforschung: Unser Gehirn ist vor allem ein Werkzeug zum Überleben und weniger ein Instrument der Erkenntnis, von dem Schule aber noch immer vorrangig ausgeht. Als Bewertungssystem mit den Kriterien Unbekannt–Bekannt und Wichtig–Unwichtig ist aber unser Denken wesentlich von Emotionen und Affekten gesteuert, die die Aufnahme von Informationen steuern. Was neu und interessant scheint, das wird mit dem Vorhandenen verknüpft, ordnet das Vorhandene neu: Wir lernen. Das Vorhandene fließt in die Leerstellen eines Textes, der nichts

anderes ist als eine Partitur, die im Kopf zu einer Inszenierung zu vervollständigen ist: Wir lesen.
Lernen und Lesen sind kommunikative Akte. Was wir gelernt, was wir gelesen haben treibt uns zur Mitteilung, zum Austausch: Wir wollen überprüfen, erproben, was wir gelernt, was wir gelesen haben. So stecken in jedem Rucksack zumindest zwei Exemplare eines Buches. So gibt es zu jedem Buch Angebote, sich produktiv und kreativ in den Verfahren des szenischen Lernens mit dem Gelesenen auszutauschen und mit anderen Lesern in anderen Klassen, Schulen, Orten ins Gespräch zu kommen. Austauschsprache wird Deutsch sein, die Sprache, die auch mithilfe der Rucksackbibliothek gelernt wird.
Ich möchte Ihnen nun einen Rucksack einer Bibliothek genauer vorstellen. Ich wähle den „Vom Ich", weil er so gut zu unserem Thema passt.
Zu diesem Rucksack gehören elf Buchtitel, je Titel zumindest immer 2 Exemplare. Außerdem ein Ordner mit nachfolgenden Texten:

Zur Rucksackbibliothek
Zur Buchauswahl
Hinweise zum Thema
Die Buchtitel
Unterrichtsskizze zur Einführung der Methode und des Themas
Hinweise zu den einzelnen Büchern:

- Zum Inhalt
- Zum Autor
- Aufgaben zur Rezeption

Vom Ich

Die Hinweise zu den einzelnen Büchern stehen während der Lektürephase zur Verfügung. Nur die Aufgaben zur Rezeption sollten erst nach Abschluss der Lektüre den jeweiligen Lesern übergeben werden. Alle anderen Texte sind für die Hand des Lehrers.
Ein zweiter Ordner dient dazu, die Lösungen der Rezeptionsaufgaben aufzunehmen. Er sollte erst nach der Vorlage der eigenen Lösungen zugänglich sein. Es geht dabei nicht um richtig oder falsch, gut oder schlecht. Es geht ausschließlich darum, die unterschiedliche Rezeption eines Textes zu veranschaulichen.

Zur Buchauswahl

Vorrangig wurden vom Bild bestimmte Bücher ausgewählt. Bilder sollen helfen, die Differenz zwischen Interesse und Sprachkompetenz auszugleichen, das Verstehen zu erleichtern. Der erste Stolperstein scheint damit ausgeräumt zu sein, ja mit ihm zugleich auch der zweite: Bilderbücher liegen leicht in der Hand, schocken nicht durch ihren Umfang. Dennoch rollt schon ein neuer in den Weg: das Vorurteil. Bilderbücher, das ist doch was für Babys und Kleinkinder.

Ein Blick auf den aktuellen Bilderbuchmarkt zeigt aber, dass die Zeiten des pädagogisch gesicherten Bilderbuchs vorbei sind, dass in einer Welt, die sich wesentlich über digitale Wahrnehmungsprozesse konstituiert (Welsch 1993, 57), in wachsendem Maße auch Bilderbücher Konzepte präsentieren, die analog zur Ästhetik der modernen Medien mit Versatzstücken, Zitaten, Realitätssplittern und Leerstellen erzählen und von Irritation, Ironie und Parodie durchdrungen sind (Thiele 1991, 51). Ein schönes Beispiel liefert das Bilderbuch von David Wiesner (2002), das zwar das alte englische Märchen von den drei Schweinen erzählt, aber ansonsten die Synchronie zwischen erzählter und bebilderter Handlung aufhebt. Es enthält ein Überangebot von Bildern und Texten, baut Assoziationsbrücken zu Alltagserfahrungen, Wünschen und Träumen. Brüche und Einschübe treten an die Stelle einer fortlaufenden Handlung, aktivieren das Vorwissen, führen zu interaktiven Handlungen der literarischen Figuren (Blei-Hoch 2006, 7 f.).

Das Vorurteil über Bilderbücher verliert sich schnell, werden sie erst einmal in die Hand genommen. Sie sind in ihrer bild- und sprachästhetischen Qualität altersübergreifend. Gerade sie eröffnen einen ausgezeichneten Zugang zur literarischen und bildnerischen Welt der zu lernenden Sprache, erfüllen die geforderte Funktion eines Sozialisationsagenten und sind daher unverzichtbar für einen Spracherwerb, der sich aktuellen wissenschaftlichen Erkenntnissen nicht verschließt.

Zum Thema „Vom Ich“

Der Rucksack repräsentiert eine Auswahl der deutschsprachigen Bilderbuchproduktion zum Thema der Identitätsfindung durch Literatur seit dem Jahr 2000. Viele Genres kommen hier zusammen. Entscheidend für die Auswahl war, ob mit diesen Büchern Sprach- und Lebenslernen zusammenkommen können und sich eine zweite Sozialisation mit ihnen fortsetzen lässt. Sie erkennen sicher die Nähe des Projektes Rucksackbibliothek zum Denken des szenischen Lernens.

Hier eine Art Checkliste, zusammengeklaubt aus Reden und Aufsätzen von Jürg

Schubiger, von Gundel Mattenklott und von Franz Lettner (vgl. 1000 und 1 Buch, Heft 1, 2005).

- Wir brauchen Geschichten. Sie stellen Zusammenhänge her zwischen Menschen, verschiedenen Orten und Zeiten.
- Geschichten geben uns biografische Muster vor. Sie zeigen uns, wie wir unser Leben ausrichten und verstehen können.
- Geschichten geben uns Beispiele des Menschenmöglichen, ergänzen und relativieren das, was wir von zu Hause mitbekommen haben. Sie bereichern unseren Lebensstoff.
- Geschichten tradieren das kollektive Gedächtnis von Gemeinschaften und Gesellschaften, von Kulturen und Religionen. In ihnen vergewissern wir uns unserer Identität.
- Geschichten unterhalten, belehren und beraten uns. Sie bieten risikolose Intensitätserlebnisse.
- Geschichten liefern einen Kommentar zu dieser Welt, sind ein Probefeld im Umgang mit Mehrdeutigkeit.
- Es sind die Protagonisten von Geschichten, die Helden und Heldinnen, die uns interessieren, nicht die Probleme, nicht die Botschaft.

Die Buchtitel

Baltscheit, Martin
Die Geschichte vom Löwen, der nicht schreiben konnte
Zürich: Bajazzo Verlag 2002

Hole, Stian
Garmans Sommer
München: Carl Hanser Verlag 2009

Janisch, Heinz und Linda Wolfsgruber
Finns Land
München: Hanser Verlag 2008

Jeffers, Oliver
Der unglaubliche Bücherfresser
Hamburg: Verlag Friedrich Oetinger 2007

Likar, Gudrun und Manuela Olten
Keine Angst vor gar nichts
Berlin: Tulipan Verlag 2009

Meißner-Johannknecht, Doris und Melanie Kemmler
Ein Geburtstag
Zürich: Bajazzo Verlag 2007

Morgenstern, Susie und Chen Jianghong
Ich werde Wunder vollbringen
Berlin: Bloomsbury 2007

Nilsson, Ulf
Als wir allein auf der Welt waren
Frankfurt: Moritzverlag 2009

Steinitz, Barbara
Schnurzpiepegal
Zürich: Bajazzo Verlag 2009

Turrini, Peter
Was macht man, wenn ...
Wien: Annette Betz 2009

Ungerer, Tomi
Neue Freunde
Zürich: Diogenes Verlag 2007

Diese elf Titel mit je zwei Exemplaren befinden sich also im Rucksack „Vom Ich“. Um zu zeigen, wie mit ihm gearbeitet werden kann, hier ein Vorschlag für die erste ihn einführende Unterrichtsstunde.
Geschichten unterhalten, belehren und beraten uns. Die besten sind die, die im Belehren auch unterhalten. Nehmen Sie zur Einführung in das Thema der Identitätsfindung durch Literatur die Geschichte „Was macht man, wenn ein Löwe daherkommt?“ (Turrini 2009). Die Ratschläge für den kleinen Mann, so der Untertitel, sind natürlich auch für die kleine Frau, sind sowieso nicht einfach wörtlich zu nehmen wie eine Gebrauchsanweisung. Die Fiktion als Fiktion zu erkennen, die immer auch einen Transfer braucht, das ist ein wichtiges Lernziel.

Nur so kann das Angebot der Literatur wahrgenommen werden, risikolos intensive Erlebnisse zu überstehen. Zum Beispiel das, wenn am Zebrastreifen auf der anderen Straßenseite ein Löwe steht. Was tun?

- Schildern Sie die Situation: Ein Junge steht am Zebrastreifen. Auf der anderen Straßenseite steht ein Löwe. Sie werden Belustigung auslösen, bitten aber doch, sich auf den Gedanken einzulassen. Erste Äußerungen. Sie verstärken die absurde Situation mit dem Hinweis, dass Löwen sich nicht an die Straßenverkehrsordnung halten und auch nicht das Hoffen auf eine rote Ampel was nützt, da Löwen farbenblind sind. Sie spitzen die Situation noch zu: Hinter dem Jungen ist eine Metzgerei.
- Bilden Sie drei Arbeitsgruppen, die sich mit der Situation beschäftigen sollen: Was tut man, wenn ... Die Gruppen bereiten eine Diashow vor, in der sie ihren Lösungsvorschlag präsentieren.
- Sie geben nun den Gruppen den Textauszug aus Turrinis Ratgeber.

- Die Gruppen überlegen, wie sich die kritische Situation auflösen könnte.
- Sie lesen das Ende der Geschichte aus dem Buch nun selbst vor. Die Heiterkeit wird zunehmen. Dennoch, bei aller Absurdität, aus dem Ratschlag ist etwas zu lernen. Geben Sie diesen Impuls noch einmal in die Gruppen zurück. Ein Standbild ist zu bauen, das die Bedeutung des Ratschlags wiedergibt.
- Legen Sie nun das Buch zu den anderen, die Sie jetzt aus dem Rucksack holen.
- Sie haben Neugierde geweckt. Die Jugendlichen verschaffen sich einen Überblick über das Angebot des Rucksacks und wählen ein Buch aus.
- Sie beginnen mit einem stillen, zeitlich begrenzten Einlesen.
- Der erste Eindruck des Buches wird in einem Standbild wiedergegeben, in dem das Buch integriert ist.
- Jeder besucht nun jeden in diesem Skulpturenpark und wird nach diesem Besuch wieder zur Skulptur.
- Die Bücher werden wieder zurückgelegt.
- Zur endgültigen Lektüre sollten möglichst immer zwei Jugendliche einen Titel wählen.

Planen Sie nun während des Leseprozesses, der also auch im Unterricht stattfinden soll, die Möglichkeit ein, dass die beiden Leser eines Buchtitels ihre Leseerfahrungen austauschen können. Richten Sie während der Lektüre auch Phasen des Berichtens im Unterricht ein, damit alle über alle Bücher und ihre Rezeption informiert sind. Basis dieses Berichtens sind Notizen, während des Lesens entstanden, über die tatsächliche Lesezeit, von Kommentaren, zu Leseschwierigkeiten, über unbekannten Wortschatz, von aufgekommenen Fragen, aber auch zum gehabten Lesespaß, also eine Art Lesetagebuch.
Während der Arbeit an der Rucksackbibliothek sind die Angaben zur Autoren- und Illustratorenschaft immer für alle zugänglich.
Die Aufgaben zur Rezeption geben Sie erst nach der Lektüre des Buches aus, die Lösungen vorheriger Benutzer des Rucksacks erst nach der Vorlage der eigenen.
Sie erkennen sicherlich viele Verfahren des szenischen Lernens wieder im Projekt Rucksackbibliothek. Das wird auch bei den Rezeptionsaufgaben so sein. Immer zwei haben ja einen Buchtitel gewählt. Zu zweit lösen sie dann auch die vorgegebenen Aufgaben. Hier nun ein Beispiel zu einem Buchtitel. Ich wähle Turrini, da Sie von ihm schon eine Geschichte kennen.

Turrini, Peter und Verena Ballhaus
Was macht man, wenn ...?
Wien: Annette Betz, 2009
Zum Inhalt:
Ratschläge für den kleinen Mann, so lautet der Untertitel. Und die gibt es für neun Situationen, reale und surreale, vom prügelnden größeren Mitschüler bis zu dem in einem Walfischbauch. Es sind Lebenshilfen, die zeigen, wie man sich mit Geist und Schlagfertigkeit wehren kann.
Zum Autor und zur Illustratorin:
Peter Turrini, geboren 1944 in Kärnten, seit 1971 freier Schriftsteller, ist bekannt geworden durch seine gesellschaftskritischen und provokanten Heimatstücke, was ihm den Titel „Nestbeschmutzer" in Österreich eintrug. 2009, zu seinem 65. Geburtstag, ging er einen ganz neuen Weg: Er schrieb ein Kinderbuch.
Verena Ballhaus, 1951 geboren, studierte Malerei, Grafik und Kunsterziehung und arbeitete zunächst als Bühnenbildnerin. 1985 begann sie dann Bilder-, Kinder- und Schulbücher zu illustrieren. Sie wurde mehrfach ausgezeichnet, unter anderem mit dem Deutschen Jugendliteraturpreis und dem Österreichischen Staatspreis für Kinder- und Jugendliteratur.
Aufgaben zur Rezeption:
Ihr habt ein ganzes deutschsprachiges Bilderbuch gelesen, dreiundzwanzig Seiten, ein Buch mit Ratschlägen, aus realen und irrealen Situationen herauszukommen. Gratulation! Wie sieht nun euer Urteil über das Buch aus? Wie viele Sterne gebt ihr ihm? Markiert euer Urteil:

*****	ein tolles Buch
****	ganz gut, das Buch
***	na ja, es geht so, das Buch
**	kann das Buch nicht empfehlen
*	ein schreckliches Buch

Versucht, in einem Satz euer Urteil zu begründen.
Neun praktische Hinweise für alltägliche und surreale Situationen. Baut sie in Standbildern nach. Macht dabei aus den Tierfiguren Menschen. Fotografiert die Standbilder. Fügt jedem Foto den abschließenden Ratschlag des Autors hinzu.
Was ändert sich, wenn das Buch den Untertitel bekommt „Ratschläge für kleine Damen"? Ändert die Standbilder und schreibt auch die Kommentare um.

Wählt für einen der Ratschläge für kleine Damen eine Alltagssituation und präsentiert sie als Diashow. Fotografiert die Standbilder und kommentiert sie auf einem A4-Blatt.
Allen Ratschlägen ist gemeinsam, sich mithilfe der Sprache zu wehren. Entwickelt eine Szene aus eurem Alltag, in der ihr das auch praktiziert. Präsentiert die Szene in einer Diashow. Fotografiert die Standbilder und kommentiert sie auf einem A4-Blatt.

Haben nun alle Ihrer Ichs ein Buch gelesen, kommen die Ergebnisse in den zweiten Ordner und alles zurück in den Rucksack. Er wandert nun weiter zu einer anderen Schule, in eine andere Stadt.
Sie bekommen dafür einen anderen Rucksack mit einem anderen Thema, zum Beispiel „Märchenhaftes" oder „Von Sachen". Viele Themen, viele Vernetzungen sind möglich, werden auch schon weltweit praktiziert. Rückfragen richten Sie bitte an kirsch.dieter@gmx.de.
Ich möchte Ihnen nun an einem Beispiel zeigen, wie aus dem Projekt Rucksackbibliothek noch mehr entstehen kann, ein Mehr, das den Unterrichtsraum öffnet, mit dem sich präsentieren lässt, wie Deutschlernen auch sein kann und zu welchen Ergebnissen es führt. Die Qualität des Lehrens und Lernens zeigt sich eben nicht nur an der Zahl der ausgestellten Prüfungszertifikate.

Aus den Titeln der Rucksackbibliothek „Vom Ich" wählen Sie jeweils eine Rezeptionsaufgabe und gestalten daraus eine Nummernrevue. Als Bindeglied zwischen den Nummern dienen die Bilder vom kleinen Gedanken aus dem gleichnamigen Bilderbuch (Feth 2008). Legen Sie eine Kopie der Illustration als Folie auf einen Overheadprojektor und Sie können zeigen, wie sich der Gedanke als kleines Ich von Nummer zu Nummer in Größe und Form verändert.
Hier nun der konkrete Vorschlag, bezogen auf die Titelliste „Vom Ich".

Das kleine Ich will wachsen.
Martin Baltscheit, Die Geschichte vom Löwen, der nicht schreiben konnte
Übertragt die Situation des Löwen in ein Menschenleben. Wer könnte einem Menschen helfen, einen Brief an seine Liebe zu schreiben? Zeigt die Situation in einer Diashow.

Oliver Jeffers, Der unglaubliche Bücherfresser
Welche Bücher würdet ihr gern fressen? Entwickelt eine Geschichte dazu. Präsentiert sie mit Figurinen auf dem OHP.

Doris Meißner-Johannknecht, Ein Geburtstag
„Manchmal muss ich weinen." Denkt euch drei Tableaux vivants aus, lebende Fotos also, die diese Reaktion auslösen können.

Das kleine Ich fühlt mit.
Ulf Nilsson, Als wir allein auf der Welt waren
Geschwisterliebe. Entwickelt eine Geschichte. Präsentiert sie als Diashow in fünf Standbildern. Fotografiert sie und kommentiert sie auf einem A4-Blatt.

Das kleine Ich verliert seine Angst.
Gudrun Likar, Keine Angst vor gar nichts
Mut ist gut, aber Schwächeln bringt auch Lächeln. Entwickelt zu diesem Thema eine Szene für ein Kochlöffeltheater. Kopiert dazu die illustrierten Personen aus dem Bilderbuch und klebt sie auf Kochlöffel. Umhüllt den Stiel mit Stoffresten.

Das kleine Ich spielt mit der Sprache.
Heinz Janisch, Finns Land
„Wie eng ist es in England?" Entwickelt eine Geschichte über die Vorstellungen, die dieser Ländername bei Finn auslöst. Präsentiert sie als Schattenspiel.

Das kleine Ich lernt, sich zu wehren.

Peter Turrini, Was macht man, wenn ...?

Allen Ratschlägen ist gemeinsam, sich mithilfe der Sprache zu wehren. Entwickelt eine Szene aus eurem Alltag, in der ihr das auch praktiziert. Präsentiert die Szene in einer Diashow.

Das kleine Ich lernt Menschen kennen.

Toni Ungerer, Neue Freunde

Kopiert die Doppelseite vom Wochenendausflug. Stellt sie als Skulpturenpark nach. Gebt jeder Person eine Sprech- und Denkblase.

Das kleine Ich und seine Wünsche.

Susie Morgenstern, Ich werde Wunder vollbringen

Die Wunschliste des Jungen ist groß. Was wäre für euch der größte, was der kleinste Wunsch? Schreibt jeden Wunsch auf ein Blatt, drückt es einem Jungen oder Mädchen in die Hand. Der größte Wunsch steht hoch oben auf einer Leiter, der kleinste hockt zusammengekauert auf dem Boden.

Mit dieser Akrobatennummer könnte die Nummernrevue vom kleinen Ich spektakulär enden. Perfektionieren können Sie die Präsentation, wenn Sie, zusammen mit den Ichs, passende Musik zu den einzelnen Nummern und der sie verbindenden Illustration auswählen.

6.4 Theaterinszenierung

Projekte fordern den Blick nach vorn, so schrieb ich, das Wort etymologisch deutend, als Einleitung zu diesem Kapitel (s. S. 72). In der LAKAP-Formel kehrt das wieder als produktorientiert und außergewöhnlich. Projekte sind zeitlich begrenzt, auf ein Ziel gerichtet, gehören in der Regel also nicht zum Alltag, der Arbeit mit dem Lehrwerk. Dennoch sollten Projekte mehr und mehr zum Selbstverständnis des Alltags gehören. Je mehr die Verfahren des szenischen Lernens in diesem Alltag praktiziert werden, umso leichter ist es, aus diesem Alltag immer wieder das Ereignis einer Theaterinszenierung hervorkommen zu lassen. Das motiviert Ihre Ichs, stellt das Deutschlernen in Ihrer Schule oder Institution heraus, erreicht Öffentlichkeit und ist letztlich auch sprachpolitisch wirksam. Anlässe gibt es genug, zumindest mehr als die ein, zwei Möglichkeiten, die jetzt dem Alltag abgerungen werden. Ich denke nur an Elternabende, Klassen- und Schulfeste,

an Tage der offenen Tür, offizielle Schulbesuche, an Jubiläen. Die nachfolgenden Beispiele dienen als Anregung, als Modelle. Sie können alle aus dem normalen Unterrichten heraus entstehen.
Hier ein erster Vorschlag.

6.4.1 John Maynard

Sie haben die Ballade im Unterricht gelesen, besprochen. Sie haben den historischen Hintergrund vermittelt, Fakten zu Fontane geliefert. Sie haben aber die Ballade nicht hinter Tischen sitzend gelesen. Sie haben Standbilder gebaut von den Passagieren, dem Steuermann, dem Kapitän. Ihre Ichs haben sich in die Personen und in die Situation eingefühlt, sie mit allen Sinnen erfasst. Sie haben dann alles Erfahrene und Gelernte in eine neue Form gebracht: eine Sprechmotette. Die wollen Sie nun aufführen, aus ihr ein Sprechtheater gestalten. Visuelle Hilfe bietet Ihnen der Kindermann Verlag, der in seiner Reihe „Poesie für Kinder" dafür sorgt, dass berühmte klassische Balladen nicht in Vergessenheit geraten. Ihre Inszenierung kann sich der Bilderbuchinszenierung des Verlags gut bedienen, da der Illustrator mit seinen expressiven Bildern die Ballade gut erfasst und sie zugleich behutsam in eine eigene Bildgeschichte einbettet (Fontane/Krejtschi 2008).

Kopieren Sie nun ausgewählte Illustrationen. Als Folie auf dem Overheadprojektor liefern sie Ihnen eine Kulisse für Ihre Inszenierung. Das vermindert aber nicht die Aufgabe, dass sie schon durch das Sprechen entstehen soll, dass sprechend, nicht nur visuell, die Imagination der Zuschauer gefordert wird. Diese Veränderung der Sprechmotette zum Sprechtheater, das ist das Mehr, das eine Präsentation der Ballade benötigt. Diese Investition kommt aber auch mehrfach zurück. Wie bei einem Chor bilden Sie drei Gruppen, A, B und C genannt. Der Text wird zwar in der Hand gehalten, er muss aber mit dem ganzen Körper gesprochen werden, einverleibt sein.

A John Maynard!
B John Maynard?
C Wer ist John Maynard?
A John Maynard war unser Steuermann.
B Aus hielt er, bis er das Ufer gewann.
C Er hat uns gerettet, er trägt die Kron.
B Er starb für uns, unsre Liebe sein Lohn.
A–C John Maynard.

A Eine Ballade.
B Eine Ballade mit historischem Kern.
C Es war in der Nacht vom 8. auf den 9. August.
B Der Seitenraddampfer Eric
A ist unterwegs von Buffalo nach Detroit.
C Bei Fontane klingt das so:

Der nachfolgende Text wird mit einer Vocussion unterlegt, der Übertragung einer Trommelsprache in eine vokale Phrase. Durch diese Silbensprache lassen sich rhythmische Figuren leicht gestalten. Vorschlag für die Vocussion: Sie fliegt, sie fliegt und Gischt schäumt auf.

Die jeweils zwei Gruppen ohne Text übernehmen die Vocussion, begleitet mit entsprechenden Armbewegungen.

A Die „Schwalbe“ fliegt über den Eriesee.
B Gischt schäumt um den Bug
C wie Flocken von Schnee.
A Von Detroit fliegt sie nach Buffalo.
B Die Herzen aber sind frei und froh.

C Und die Passagiere mit Kindern und Fraun
B im Dämmerlicht schon das Ufer schaun.
A Und plaudernd an John Maynard heran tritt alles:
C Wie weit noch, Steuermann?
B Der schaut nach vorn
A und schaut in die Rund:

Einzelstimme

B Noch dreißig Minuten.
Halbe Stund.

Ohne Vocussion. Nüchtern, schnell, hart gesprochen

A In der Realität?
B Der Dampfer gerät in Brand.
C Terpentin,
B Farben,
A Pinsel,
B leichtsinnig gelagert,
C schlecht verpackt,
B haben sich entzündet.
A In der Ballade?

Wiederkehr der Vocussionpattern: Sie fliegt, sie fliegt

C Alle Herzen sind froh,
B alle Herzen sind frei.
A Da klingt's aus dem Schiffsraum her
wie ein Schrei.

Wechsel der unterlegten Vocussion zu: Feuer, Feuer, gekoppelt mit immer wieder hochgerissenen Armen

B Feuer war es, was da klang.
C Ein Qualm aus Kajüt' und Luke drang.
B Ein Qualm,
A dann Flammen lichterloh.
C Und noch zwanzig Minuten bis Buffalo.

Ohne Vocussion, nüchtern, berichtend

A Acht Meilen waren es noch bis zur Küste.
B 200 Menschen waren an Bord.
C Viele Deutsche.

A Viele Schweizer.

Erneute Vocussion, dumpf, kurz: Feuer. Die Körper gebeugt, vom Wort Feuer geschüttelt

B Und die Passagiere, bunt gemengt,

C am Bugspriet stehn sie zusammengedrängt.

A Am Bugspriet vorn ist noch Luft und Licht.

B Am Steuer aber lagert sich's dicht.

C Und ein Jammern wird laut.

B Wo sind wir?

A Wo?

B Und noch fünfzehn Minuten bis Buffalo.

C Der Zugwind wächst,

B doch die Qualmwolke steht.

A Der Kapitän nach dem Steuer späht.

B Er sieht nicht mehr seinen Steuermann.

C Aber durchs Sprachrohr fragt er an:

Einzelstimmen

A Noch da, John Maynard?

C Ja, Herr.

Ich bin.

A	Auf den Strand! In die Brandung!
C	Ich halte drauf hin!

Vocussion: Halt aus, halt aus, gekoppelt mit hochgerissenen betenden Händen

B	Und das Schiffsvolk jubelt.
	Halt aus! Hallo!
C	Und noch zehn Minuten bis Buffalo.

Einzelstimme

A	Noch da, John Maynard?
B	Und Antwort schallt's mit ersterbender Stimme:
C	Ja, Herr, ich halt's.

Wechsel der Vocussion: Klippe, Eisen, Sand, Stein, gekoppelt mit zuckenden Armbewegungen

B	Und in die Brandung,
A	was Klippe,
B	was Stein,
C	jagt er die „Schwalbe" mitten hinein.
A	Soll Rettung kommen,
B	so kommt sie nur so.
C	Rettung:
B	Der Strand von Buffalo.

Ohne Vocussion

A	Das Schiff geborsten.
B	Das Feuer verschwelt.
C	Gerettet alle.
A	Nur einer fehlt.

Stille. Alle Körper in unterschiedlichen Posen eingefroren.

Dann: nüchtern, berichtend

C	Und der wahre Verlauf?
B	Das Schiff erreicht nicht die Küste.
A	Der diensthabende Rudergänger,
B	er hieß Luther Fuller.
C	er überlebt,
B	wenn auch schwer verletzt.
A	Von den 200 Passagieren
C	werden nur 29 gerettet.

Vocussion: Bim, bam, gekoppelt mit der Imitation der Glockenbewegung

A Alle Glocken gehen.
B Ihre Töne schwell'n himmelan
C aus Kirchen und Kapell'n.
B Ein Klingen und Läuten.
A Sonst schweigt die Stadt.
B Ein Dienst nur, den sie heute hat.
C Zehntausend folgen
B oder mehr.
A Und kein Aug' im Zug,
B das tränenleer.
C Sie lassen den Sarg in Blumen hinab.
B Mit Blumen schließen sie das Grab.
C Und mit goldner Schrift
B in den Marmorstein
A schreibt die Stadt ihren Dankspruch ein.

Ohne Vocusssion, in nüchterner Sprache, die aber immer stärker, auch körperlich sichtbar, zur Anklage wird.

C Was war die Quelle, die Fontane benutzte?
B Was war seine Absicht, als er das schrieb?
A Luther Fuller überlebt.
B Von dem Unglück
C erholt er sich seelisch aber nicht mehr.
A Er wird Alkoholiker.
B Er stirbt als Trinker in einem Armenhaus.
C Fontanes Maynard wird ein Held.
A An seinem frühen Tod sind viele schuld.
B Wer hat das Malermaterial so schlecht verpackt?
A Wer hat das Material so leichtsinnig gelagert?
C Das Schiffsvolk drängte Maynard zu seiner Tat,
B wollte von ihm das Opfer.
A–C Halt aus! Hallo!

Die anklagende Bewegung erstarrt.

Danach bewegen sich die drei Gruppen nach jedem Satzzeichen einen Schritt nach vorn.

A Fontane war Kriegsreporter,
B hat oft erlebt, wie Soldaten
C wegen eines Befehls starben.
B Ihr persönliches Schicksal wurde vergessen.
C Als Helden aber wurden sie gefeiert.

Die drei Gruppen lösen sich auf, sprechen aber, durcheinandergehend, als Gruppe gemeinsam ihren Text.

A Hier ruht John Maynard.
B In Qualm und Brand
C hielt er das Steuer fest in der Hand.
A Er hat uns gerettet.
B Er trägt die Kron.
C Er starb für uns,
B unsre Liebe sein Lohn.
A–C John Maynard.

Alle erstarren in schuldiger Pose

Aus der Sprechmotette ist Sprechtheater geworden. Darin geht, dieser Grundsatz wird hier besonders deutlich, die Körpersprache dem verbalen Ausdruck voraus. Der Text zeigt den Weg, den der Körper und die Stimme zu nehmen haben. Ihre Ichs können den Weg gehen, weil sie ihn sich als Ergebnis szenischen Lernens einverleibt haben. Sprache wird direkt erlebt. Kenntnisse über sie und was sie als Inhalt transportiert, das Haben, werden in dieses Erleben, das Sein, integriert.

6.4.2 Der wasserdichte Willibald

Wie aus einem Kinderbuch ein Theaterstück werden kann, das wäre ein zweites Beispiel für ein Projekt, das aus dem Unterrichtsalltag entstehen kann, das Sie wieder einmal als Human Resource Manager zeigt (s. S. 72 ff.). Es ist zugleich als Modell gedacht, wie Prosatexte dramatisiert werden können: Der wasserdichte Willibald (Herfurtner 2002).

Willi, acht Jahre alt, kann viel für sein Alter, nur eines nicht: schwimmen. Er meidet das Wasser, wo er nur kann. Selbst in den Ferien ist er der Einzige der Familie, der das Meer meidet. Das ändert sich erst, als er an einem Wochenende mit seiner Cousine und seinem Onkel bei einem unfreiwilligen Bad im Ententeich erfährt, dass er doch wasserdicht ist und schwimmen kann.

Das Kinderbuch ist leserfreundlich eingerichtet: Die Sätze maximal zehn Wörter, in der Zeile nicht mehr als acht, darum wenige Zeilen- und Seitensprünge. Die Seiten sind einladend gegliedert, haben zwei oder drei Textabschnitte. „Der wasserdichte Willibald“ ist also ein idealer Einstieg, die Herausforderung eines ganzen Buches in der anderen Sprache als gemeinsame Lektüre oder in einer Rucksackbibliothek anzunehmen und zu bestehen. Es ist ein Kinderbuch, aber auch für alle anderen Altersgruppen mit Gewinn zu lesen, was ich für das entscheidende Kriterium für ein gutes Kinderbuch halte. Das gilt auch für den Inhalt und für das zentrale Thema: Angst ist zu überwinden.
Zu dieser zentralen Aussage kommt man über die Reduktion eines Textes und deren Abstraktion.
Hier helfen die sehr prägnanten Kapitelüberschriften: Willi Gluck Gluck. Willi hat keine Schwimmhäute. Willi wird vom Wal verschluckt. Willis Geheimnis. Willi am Ententeich. Willi schwimmt. Daraus ergibt sich ein grundsätzliches Spiel vom Können und Wollen, das weit über das Schwimmenlernen und was dem im Wege steht hinausweist. Auf dem Weg zum Theatertext sind dann die gefundenen Reduktionen zu personifizieren.
Willibald, genannt Willi, der jüngste der drei Kinder.
Er ist selbstbewusst, weil er mit seinen acht Jahren schon viel kann.
Sportlich, mutig, beliebt in seiner Klasse.
Aber auch nachdenklich. Er will überzeugt werden.
Tobias, genannt Tobi, der mittlere der drei Kinder.

Er fühlt sich dem jüngeren Bruder überlegen,
unterdrückt aber von der älteren Schwester.
So stichelt er gegen beide und nervt sie.
Für ihn muss immer was los sein.
Theresa, genannt Thesi, die große Schwester.
Sie mag Willi, den jüngeren Bruder.
Sie ärgert sich ständig über Tobi,
weil er immer auf Willi herumhackt.
Mutter ist sehr um die Kinder besorgt, will das Beste für sie.
Sie sieht es als ihre Aufgabe an, die Familie zusammenzuhalten.
Vater kann es nicht verstehen, dass Willi nicht schwimmen will.
Er tut alles, um ihm die Angst vor dem Wasser zu nehmen.
Carola, die Kusine von Willi, ist ein selbstbewusstes Mädchen.
Sie mag Willi und er sie.
Schwimmen hat sie ohne großen Aufwand gelernt.
Rolf, ein gemütlicher, alleinerziehender Vater, der seine Tochter zu großer Selbstständigkeit erzieht, nicht immer sorgenvoll nachsieht, was sie gerade treibt.
Die bekannten Verfahren der Einfühlungsübungen beginnen, das Ausprobieren von Standbildern, das Entwickeln von Rollenbiografien, von Rollengesprächen (s. S. 37 f.). Schließlich werden die Personen in für sie kennzeichnende Situationen gebracht und improvisierend dazu Szenen entwickelt. Sie kennen das aus der Arbeit im Zeitungstheater (s. S. 72 f.). Wie dort muss auch hier nach dem Personifizieren, dem Situieren und Agieren die Szene pointiert werden, in einer Überraschung enden.
Das Ergebnis solchen Suchens könnte wie nachfolgend aussehen.

Der wasserdichte Willibald
Spiel in fünf Szenen nach der gleichnamigen Erzählung von Rudolf Herfurtner
Ein Spiel vom Können und Wollen
Vorspiel
In kleinen pantomimischen Szenen zeigen alle Spieler, über die ganze Spielfläche verteilt, Tätigkeiten, die sie können, und die, vor denen sie Angst haben.
Dazu tickt laut ein Metronom.
Wenn es stoppt, erstarren auch alle Spieler in der augenblicklichen Pose.
Das Vorspiel wird musikalisch begleitet.

1. Szene

Die Spieler gruppieren sich zu einem Chor, links auf der hinteren Spielfläche. Aus dem Chor treten die folgenden sieben Spieler, die in für sie typischen Haltungen einfrieren.

Willibald: Ich bin der Willibald.
Acht Jahre bin ich alt.
Ich kann schon viel.
Nur Schwimmen ist für mich kein Ziel.

Chor: Und wer seid ihr?

Tobias: Ich bin Tobias, der Bruder, der große,
und Größe 146 hat schon meine Hose.

Theresa: Ich bin Theresa, die Schwester,
über die Kleinen erhaben.
Besonders den Tobi,
den kann ich nicht haben.

Vater und Mutter: Wir sind die Eltern
von diesen dreien.
Wir sorgen dafür,
dass die drei gut gedeihen.

Rolf: Ich bin Rolf,
von Willis Mutter der Bruder,
alleinerziehend,
hier steht es, das Luder.

Carola: Das Luder heißt Carola
Und isst gern Gorgonzola.
Ich liebe Rolli sehr.
Doch wünsch ich eine Mutter her.

Chor: Gut.
Jetzt sind wir gescheit,
wir wissen, wer ihr seid.
Zurück zu unserem Helden.
Das ist der Willibald.
Acht Jahre ist er alt.
Er kann schon viel.
Er singt so laut im Kinderchor wie kein Zweiter.

	Er ist der schnellste Plastiktütenrutscher am Schlittenberg.
	Er ist der pfiffigste Ostereiersucher der Familie.
	Er ist ein gefürchteter Nacktschneckenjäger,
	kann sie mit bloßer Hand anfassen.
	Er kann schon viel.
Tobias:	Er kann schon viel?
	Was für ein Quatsch.
	Fast nichts kann er.
	Ich sage bloß: schwimmen.
Chor:	Schwimmen?
Tobias:	Ja, schwimmen.
	Ein wasserscheuer Schisser,
	unser Willi Gluckgluck.
Chor:	So sind sie, die Brüder.
	Echte Kotzbrocken.
Willibald:	Doch, ich traue mich viel.
	Aber ich traue mich nicht ins Wasser.
	Ich füttere gern Enten.
	Aber ich bin keine Ente.
Chor:	Willi, der begeisterte Nichtinswassergeher.
	Und in der Schule?
	Am Mittwoch gehen wir ins Hallenbad!
	Am Mittwoch hatte Willi Bauchweh.
	Auch am nächsten Mittwoch.
Mutter:	Hast du jetzt immer mittwochs Bauchweh?
Tobias:	Ha! Ich weiß es.
	Die gehen am Mittwoch ins Hallenbad.
	Ein wasserscheuer Schisser,
	unser Willi Gluckgluck.
Theresa:	Lass ihn doch in Ruhe.
	Manchmal bist du wirklich so was von blöd.
Chor:	So sind sie, die Schwestern.
	Echte Kuschelkissen.
Mutter:	So geht das nicht!
Vater:	Nein, so geht das wirklich nicht.

Ich geh mit ihm ins Hallenbad.
Das wollen wir mal sehen.

Willibald: Drei Stunden Hallenbad.

Vater und Willi gehen hinter die Schattenleinwand. Als Schattenfiguren imitieren sie die vom Chor beschriebenen Handlungen.

Chor: Kleider in den Schrank.
Schlüssel an den Fuß.
Schick.
Nicht schlecht.
Ganz lustig.
Duschen gegen Dreck.
Duschen gegen Pilze.
Chlor gegen Eiter.
Und gegen Pinkel.
Muss das sein?

Mutter: Ja, das muss sein.

Vater: Da muss man durch.
Nur so wird man eine Wasserratte.

Alles, worüber Tobias nun lästert, geschieht im Schattenspiel mit Willi, vom Vater so ausgestattet.

Tobias: Eine Wasserratte mit Schwimmflügeln.
Eine Wasserratte mit Schwimmbrille.
Eine Wasserratte mit Badekappe.
Eine Wasserratte mit Entenkopf am Bauch.
Eine Wasserratte mit Badeschuhen.
Hahaha.

Rolf: Was man alles braucht,
wenn man sich nicht traut.

Carola: Was man alles macht.
Und dann noch über Willi lacht.

Theresa: Das Eltern Getue
bringt Kinder um die Ruhe.

Vater mit dem so ausstaffierten Willibald an der Hand treten in die Mitte der Spielfläche. Der Chor zieht stilisiert als Welle über Vater und Willi. Vater lässt Willi los. Der fällt um. OHP aus.

Vater:	Mund zu.
	Augen zu.
	Nase zu.
Mutter:	Steh auf.
	Steh auf.
Chor:	Willi Gluckgluck.
Carola:	Armer, armer Willibald.
Theresa:	Papa, warum hast du ihn losgelassen?
Vater:	Ich sage nichts.
	Fragt mich nicht.
Rolf:	Was soll man da auch sagen?
	Was soll man da noch fragen?

Alles erstarrt.
Musik setzt ein.

6.4.3 Vom Fuchs, der den Verstand verlor

In einem dritten Beispiel möchte ich zeigen, wie auch aus einem Bilderbuch eine Spielvorlage werden kann. Die Sprachlast übernimmt das Bild, das aber mehr ist als nur die Illustration eines Textes. Im Kapitel zur Rucksackbibliothek finden Sie ja die augenblickliche Situation dieses Mediums beschrieben (s. S. 85 f.). Es richtet

sich mehr und mehr an Erwachsene. Im „Fuchs, der den Verstand verlor (Baltscheit 2010) wird ein berühmtes Fabeltier beschrieben, dessen scharfer Verstand von Äsop bis zu Goethes „Reineke Fuchs“ die Literatur bewegte. Beschrieb Goethe in seinen Hexametern boshaft das höfische Leben, das er ja gut kannte, griff Äsop in den Erfahrungsschatz als phrygischer Sklave und schuf mit „Die Teilung der Beute“ ein Grundmodell aller Fabeln: „Was das Fabel-Reich im Innersten zusammenhält, ist das brutale Gerangel um die für die Mächtigen vorteilhafteste Verwaltung der Güter.“ (Kreis 61)
Mit diesem Fabelbild des Fuchses spielt auch Martin Baltscheit in seinem Bilderbuch. Sein erster Satz: Ein Fuchs. Ein kluger, hübscher Fuchs.

Dieser Meister der Füchse, das Vorbild der jungen Füchse, für die er jede Woche kochte und seine Tricks verriet, dieser schlaue Fuchs wurde alt. Aber nicht nur langsamer, graubärtig, er wurde mehr und mehr sehr vergesslich.
Hier nun, wie so ein Bilderbuchanfang in eine Theaterfassung umgesetzt werden kann. Zuerst die Einführung in die Fabelwelt, in der Tiere menschliches Verhalten übernehmen.

Bühnenlicht als Tageslicht. Schulklingel. Von allen Seiten strömen Spieler auf die Bühne, einzeln, in Gruppen. Leitern unterschiedlicher Höhe markieren den Hof, als wären es Bäume. Pausenlärmkulisse. Kleine pantomimische Szenen, an deren Ende Schimpfwörter zu hören sind: Brillenschlange. Dumme Sau. Affenarsch. Kanalratte. Lahme Ente. Zimtziege. Blöde Gans. Neidhammel.
Lichtblitz. Dunkel. Stille. Goldgefärbtes Bühnenlicht. Alle Spieler in Fuchsposen, mit Fuchsschwanz in der Hand. Sie beginnen, die Melodie zu summen:

Fuchs du hast die Gans gestohlen. Ein Akkordeon nimmt die Melodie auf. Stolz, von sich überzeugt, bewegen sich die Spieler auf die Melodie, zu der allmählich der Text kommt.
Grünes Licht auf der Schattenleinwand. Alle starren auf die Leinwand, stellen sich in Gruppen als Zuschauer davor. Lehnen an den Leitern, sitzen auf ihnen. Die Fuchsschwänze haben sie abgelegt.
Dann die klassische Fabel „Die Teilung der Beute", um das Fuchsbild in der Fabel ins Bewusstsein zu rufen.
Auf der Schattenleinwand ist ein gejagter Hirsch zu sehen. Die Zuschauer vor der Leinwand beginnen, leise zu singen: Trara, das tönt wie Jagdgesang. Ein Akkordeon begleitet das Singen.Wieder bewegt sich der Chor auf die Melodie. Aus dem Lied wird ein Kanon.

Trara, das tönt wie Jagdgesang,
wie wilder und fröhlicher Hörnerklang,
wie Jagdgesang, wie Hörnerklang:
Trara, trara, trara.

Auch die allmählich auftauchenden Schattenfiguren Löwe, Esel, Fuchs bewegen sich. Ein Schuss fällt. Alle erstarren. Die Spieler der Flachpuppen werden sichtbar. Der Spieler des Esels trägt einen Kapuzenpulli.

Löwe Gut vor meine Büchse getrieben, Esel.
Esel Gut getroffen, Löwe.
Fuchs Ja, ein sauberer Schuss.
Löwe Dann wollen wir doch die gejagte Beute teilen.
Esel, an die Arbeit.

Der Schattenriss des Hirschs wird auf dem OHP vom Esel zerlegt. Der reißt den Hirsch in drei etwa gleich große Teile. Der Schattenriss ist entsprechend vorbereitet. Der Fuchs hat sich zum Löwen gestellt. Sie beobachten die Arbeit des Esels.

Esel Hier, drei Jäger, drei Teile.
Gerecht geteilt.
Löwe Gerecht nennst du das?
Wo hast du das gelernt, du Esel.

Der Spieler des Löwen geht dem des Esels an die Kapuze und zieht sie ihm vom Kopf. Entsetzte Schreie der Spieler vor der Schattenleinwand. Sie krümmen sich vor Schmerz.

Löwe Fuchs, teile du.

Der Fuchs-Spieler geht zum OHP, schiebt die drei Teile wieder zusammen.

Fuchs Für dich, Löwe.

Löwe Wie kommt es, dass du so richtig teilen kannst?
Wer hat es dich gelehrt?

Fuchs Der da, mit seinem Skalp.

Es sind fein komponierte Sätze und eindringliche Illustrationen, mit denen Baltscheit die Verwirrtheit des Fuchses erzählt. „Zuerst brachte er die Wochentage durcheinander. Er ging am Mittwoch in die Kirche und wunderte sich, warum der Chor der Gänse nicht sang.“ (Baltscheit 2010) Dann vergaß er einen Gedanken oder vertauschte Geburtstage. Alles noch kein Problem.
Eines Tages jedoch fand er nicht mehr den Weg nach Hause, kletterte auf einen Baum und setzte sich in ein Vogelnest.

Schließlich vergisst er, ein Fuchs zu sein. Er jagt nicht mehr, ernährt sich von Brombeeren, schwimmt und taucht im See. Er erkennt nicht mehr die auf ihn zustürmende Meute der Hunde, kann sich gerade noch auf einen Baum retten.

Die bewegende und drängende erlebte Rede des Fuchses, der nicht recht versteht, was da vor sich geht, wird in der Theaterfassung in eine Sprechmotette überführt (s. S. 45 ff.), deren Ende auf der Bühne so aussieht.

In der Gruppe A löst sich die Spannung der Angst. Die Spieler richten sich auf.

Diese blöden,
diese blöden Hüh... ,
ha ha ha, diese blöden Hunde.

Mit dem ausgesprochenen Wort gleiten, springen, rutschen die Spieler von der Leiter, kommen mit Rolle vorwärts, rückwärts in slow motion wieder auf die Beine.
Bald hatte sich die Geschichte vom kranken Fuchs herumgesprochen.

Und so sieht das auf der Bühne aus:

Das Ende, das versöhnliche Ende, greift in der Dramatisierung Baltscheits Text und Illustration auf, übersetzt in das große Zeichensystem des Theaters.

Auf der Schattenleinwand erscheint im farbigen Licht sich bewegendes Wasser in einer Schüssel. Dazwischen, im Summen, immer wieder von einzelnen Paaren gesprochen, der folgende Text.

Es war einmal ein alter Fuchs ohne Verstand.
Er wusste nichts.
Er fühlte nur.
Er fühlte,
wenn jemand seine Wunden leckte.
Er fühlte,
wie es ist, keinen Hunger zu haben.

Er liebte es,
wenn die jungen Füchse von der Jagd erzählten.
Er mochte ihre Tricks,
vor allem den mit dem Strohhalm.
Ein paar Dinge fielen ihm schwer:
Er konnte sich keine Namen merken.
Er fand den Weg nach Hause nicht.
Er schlief nie gern allein.
Aber das musste er auch nicht.

Alle nähern sich der Leiter, lehnen sich mit dem Rücken an sie und den Fuchs. Aus dem Summen der Melodie erwächst der Text, der langsam verklingt.

Fuchs, du hast die Gans gestohlen,
lange ist es her,
lange ist es her.
Ohne Grütze in der Birne ist das Leben schwer.
Ohne Grütze in der Birne ist das Leben schwer.

Licht aus.

Szenisches Lernen kann mit seinen Verfahren und seinem ganzheitlichen, am Ich orientierten Lernansatz zu solch prägenden Unterrichtsereignissen führen. Das Haben, die gelernte Sprache wird wieder zum Sein, in ihr gewesen zu sein, sie erlebt, sie gelebt haben.

6.4.4 Die Räuber

Sie haben jetzt gesehen, wie sich Balladen inszenieren lassen, wie ein Prosatext und ein Bilderbuch dramatisiert werden können und wie mit dem Handwerkszeug des szenischen Lernens mit einfachen Mitteln daraus Ereignisse des Sprachenlernens entstehen. In einem letzten Beispiel will ich Ihnen modellhaft zeigen, wie ein schon dramatisiert vorliegender klassischer Bühnentext entstaubt und zugänglich gemacht werden kann. Die Lernwerkstatt zu Schiller und seine „Räuber" aufgreifend, hier nun die Arbeit an dem Text selbst. Ihn in der Schillerschen Fassung zu lesen wird nur selten gelingen, sich mit den darin formulierten Konflikten und Gedanken auseinanderzusetzen, das sollte aber einen Sprachenunterricht herausfordern, ihn reizen. Dabei ist die Aufgabe zu lösen, den Klassiker nicht nur auf seinen Stoff zu reduzieren, wozu einige Verlagsangebote neigen, sondern ihn auch spielbar zu machen, denn gerade Theatertexte sind keine Lesetexte, wozu der Sprachunterricht wiederum sehr neigt. Darauf bezog sich ja Hoffmannsthals Zitat „vom Inkompletten" aller Texte (s. S. 29).

Was hätte eine Bearbeitung zu leisten?

Sie müsste das Stück vom Status des Literaturdenkmals befreien, es als bürgerliches Drama und Familientragödie aufgreifen, also als das, was Schiller damals ergriffen hat. Immerhin glich das Theater einem Irrenhaus, als „Die Räuber" 1781 in Mannheim uraufgeführt wurden. Die Zuschauer fielen sich in die Arme, schluchzten, wankten, einer Ohnmacht nahe. Wir kennen das heute höchstens aus Popkonzerten. Dennoch: Was Friedrich Schiller vor über 200 Jahren schrieb, kann auch heute noch unseren Nerv treffen.

Da gibt es zwei ungleiche, verfeindete Brüder, ein uraltes Thema. Hier heißt der eine Franz. Er hetzt den Vater gegen den anderen, Karl, auf, den Erstgeborenen und dessen Lieblingskind. Es gelingt auch. Karl wird vom Vater verstoßen und enterbt. Der, von zu Hause ausgezogen, in einer rebellischen Studentengruppe lebend, erfährt das. Karl, eigentlich schon zur Um- und Rückkehr entschlossen, beschließt aus Frust und Trotz, aus seinen Gesellen eine Räuberbande zu machen und ihr Hauptmann zu sein. Es ist eine Rebellion gegen eine morsch gewordene Welt und die Heuchelei überalterter Konventionen, immerhin schon acht Jahre vor der Französischen Revolution.

Franz indessen versucht eine neue Intrige: Er will Karl Amalia, dessen Verlobte, ausspannen.

Das gelingt aber nicht. Amalia glaubt an Karl und seine Liebe. Dann versucht er, den Vater loszuwerden und selbst die Herrschaft zu übernehmen. Das wiederum gelingt. Er lässt den alten Vater für tot erklären.
Karl kehrt mit seiner Bande nach Hause zurück. Er will sich mit seinem Vater versöhnen. Er sehnt sich nach Amalia. Franz gerät in Panik und erwürgt sich.
Das jetzt zu spielen, mit Kopf und Bauch zu erfahren, mit den einfachen Mitteln des Theaters, das soll die Bearbeitung erreichen.
Dabei geht es aber nicht um die platte Wiedergabe einer Geschichte. So viel wie möglich sollte von Schillers kraftvoller Sprache erhalten bleiben, von seiner Form. Die Bearbeitung ist eine Auseinandersetzung mit der Schillerschen Ästhetik, mit seinem Weltbild, seiner Denkweise. Sie ist eine Einladung, darüber heute zu diskutieren.
Und so beginnt sie.
Auf der Bühne, rechts und links, ein kleiner Tisch mit Stuhl und Leselampe. Neutraler schwarzer Bühnenhintergrund. Musik setzt ein: die Ouvertüre von Verdis Bearbeitung der „Räuber", der Oper „I Masnadieri". Von rechts und links treten nacheinander die Spieler auf, gruppieren sich zu einem Tableau vivant. Alle Spieler sind schwarz gekleidet, barfüßig, leicht weiß geschminkt. Erzähler 1 tritt auf, stellt sich an den linken Tisch, zeigt auf das Gruppenbild.

Erzähler 1 — Die Räuber – ein Schauspiel.

Erzähler 2 tritt auf, stellt sich an den rechten Tisch, zeigt auf das Bild, das sich mit seinen Worten verändert.

Erzähler 2 — Die Räuber – ein Bruderzwist.
Erzähler 1 — Aber auch
Erzähler 2 — ein Familiendrama.

Wieder verändert sich das lebende Bild mit den Worten der Erzähler. Die Musik endet.

Erzähler 2 Die Räuber. Eigentlich beginnt es schon auf dem Spielplatz.

Musik begleitet die Pantomime: Wovon Hands, Blush 1

Das Tableau vivant löst sich auf zu einer Sandkastenszene, pantomimisch, stilisiert gespielt. Alle bauen an einer Sandburg, nur Franz, mit Wollmütze, steht abseits, schaut böse auf die Szene, in der Karl, mit Baseballmütze deutlich der Anführer ist. Mit großem Stolz wird schließlich das Werk von allen bewundert. Franz tritt zu der Gruppe, schaut kurz, gibt Karl einen Stups, sodass er auf die Burg fällt. Alle sind empört. Die Pantomime endet mit diesem Standbild.

Erzähler 1 — Schon früh zeigt sich: Karl ist eigensinnig, widersetzt sich schnell Verboten oder Geboten.

Neue Musik zur neuen Pantomime: Era, Anae Volare

Das Standbild hat sich aufgelöst. Die Spieler bilden zwei Gruppen, die Freunde von Karl und die von Franz. Die Rollen von Karl und Franz sind neu besetzt, sie tragen aber zur deutlichen Identifikation dieselbe Kopfbedeckung. Karl und Franz stehen vor ihren Eltern. Pantomimisch wird gespielt, dass der Vater verbietet zu rauchen und dass die Mutter eindringlich das Verbot bestärkt. Franz und Karl gehen zu ihren Freunden. Karl animiert seine Gruppe, mit ihm eine Zigarette zu rauchen, Franz verpetzt die Rauchenden bei seinen Eltern. Eingefrorenes Spiel in einem Standbild.

Erzähler 2 — Ein anderes Mal, auf Amalias Geburtstag.

Musik zur neuen Pantomime: Era, Sempire d'amor. Die Rollen von Karl und Franz sind erneut neu besetzt. Gezeigt wird als pantomimisches Spiel eine Geburtstagsparty, auf der Karl, von allen hofiert, wild und innig tanzt, während Franz geschnitten wird, allein bleibt, nur mit einer Flasche in der Hand. Betrunken fällt er um. Alle starren auf Franz. Das Bild friert ein.

Erzähler 2 — So beginnen sie, die Räuber.

Schiller — Aber nicht bei mir.

Im Publikum sitzt ein Spieler in der Rolle von Schiller, der mit diesen Worten empört aufsteht. In der Hand hält Schiller eine Kochlöffelpuppe mit seinem Porträt, vor- und rückseitig.

Erzähler 1 — Wer sind Sie denn?

Schiller — Ich bin der Autor. Vor 224 Jahren habe ich das Stück geschrieben.

Erzähler 2 — Das merkt man.
„Aber ist Euch auch wohl, Vater?“ So redet doch keiner mehr.

Erzähler 2 — Und wieso ist Karl nicht zu Hause, bei seinem Vater? Warum ist er bei den Räubern?

Schiller — Ja, lesen, das habt ihr in den letzten 200 Jahren verlernt.
Und was dazu gehört: Geduld. Spätestens im 3. Akt wisst ihr alles.

Erzähler 1 — Immer diese Geheimniskrämerei, diese Autorenmacke, Spannung aufzubauen. Schauen wir uns mal den ersten Akt an.

Mit diesem Vorspiel, improvisierend erarbeitet, werden die fünf Akte des Schauspiels eingeleitet. Das Konzept der Inszenierung wird deutlich. Alle sind immer auf der Bühne. Alle imitieren mit der schwarzen Hose, dem T-Shirt, barfuß, der weißen Schminke eine Artistengruppe, die gerade ihren Theaterwagen angehalten hat, um dem Publikum ein Stück zu präsentieren. Von Szene zu Szene wechselt die Besetzung der Rollen von Karl, von Franz, Amalia, Moor, Spiegelberg, Hermann. Hüte oder Mützen kennzeichnen sie. Die zentrale Aussage dieses Wechselspiels: In jedem von uns steckt ein Stück Karl, Franz, Moor. Aber auch ganz pragmatisch: Nur dadurch wird es überhaupt möglich, so große klassische Rollen übernehmen zu können. Den kleinen Spannungsbogen einer Szene durchzuhalten, das ist Nichtprofis zuzumuten. Für die beiden Erzähler, vorrangig berichtend und kommentierend, trifft das weniger zu. Und Schiller selbst, eingeführt, um seiner Sprache einen Platz in der Bearbeitung zu sichern, muss natürlich einmalig bleiben.
Werfen wir nun einen Blick auf das Entstehen einer Szene. Sie kennen inzwischen ja den Ausgangspunkt, die Reduktion. Die zweite Szene im ersten Akt spielt bei Schiller in einer Schenke an den Grenzen zu Sachsen.
Karl von Moor im Gespräch mit Moritz Spiegelberg.
Karl jammert über seine kraftlosen Zeitgenossen und über eine alles regelnde, einengende bürgerliche Gesetzgebung.
Spiegelberg erinnert Karl an seine Taten, sich dem Regelmaß der bürgerlichen Welt zu widersetzen.
Karl, auf dem Weg der Umkehr, nennt Spiegelberg schamlos.
Spiegelberg erzählt eine Geschichte aus seiner Jugend, um Karl wieder ins alte Fahrwasser zu ziehen. Sie soll illustrieren, wie Kräfte in der Not wachsen. Die Geschichte macht Spiegelberg bewusst, wer er eigentlich ist und werden muss. Sein Weg: über Schandtaten zum Ruhm.

Karl dagegen hat seinem Vater geschrieben, ihm alle seine Taten gestanden, hofft auf Verstehen durch seine Aufrichtigkeit. Er wartet auf Antwort, ist auch von einer positiven Antwort überzeugt.
Zu Karl und Spiegelberg kommen die anderen Kumpane. Sie bringen den Antwortbrief.
Karl liest den Brief, lässt ihn fallen und stürzt davon. Ein Gespräch zwischen Spiegelberg und den Kumpanen beginnt.
Sie lesen den Brief, von Franz, dem Bruder Karls geschrieben. Sein Inhalt: keine Vergebung des Vaters.
Spiegelberg fordert die Kumpane auf, sich seinem Plan anzuvertrauen, eine Räuberbande zu gründen. Denn: Wer nichts mehr zu verlieren hat, kann nur noch alles gewinnen.
Die Kumpane zögern, zweifeln, misstrauen Spiegelberg, erkennen seine Demagogie.
Schließlich aber sind sie doch überzeugt.
Spiegelberg wähnt sich als Chef der zu gründenden Bande, da er den zündenden Gedanken dazu geliefert hat.
Doch die Kumpane hoffen, dass Karl ihr Anführer wird: Ohne ihn sind wir ein Leib ohne Seele.
Spiegelberg ist enttäuscht.
Karl kommt, außer sich über den Brief, zurück. Es erregt ihn, dass trotz Reue keine Gnade, trotz Vertrauen kein Erbarmen ausgesprochen wird.
Karl nimmt das Angebot an, der Hauptmann der neu gegründeten Räuberbande zu sein.
Situieren, personifizieren, agieren, das sind die Schritte, auch sie sind Ihnen inzwischen oft begegnet, mit denen aus einer Reduktion eine Szene gestaltet werden kann. Dazu wieder ein paar Theaterzeichen wie Musik, einfache Requisiten wie Stuhl und Flasche und braune, graue und grüne Stoffbänder, umgehängt oder als Gürtel geknüpft, die aus den Spielern eine Bande machen, wie sie zu Schillers Zeit vielerorts die Bürger schockte.
Musik aus Verdis „I Masnadieri". Währenddessen haben sich die Spieler zu kleinen Gruppen auf den Boden gesetzt. Alle tragen Bänder in den Farben der Antibürger. Auf dem Stuhl Karl. Neben ihm Spiegelberg, mit einer Weinflasche. Das Tableau vivant zeigt Wirtshausleben.
Musik klingt langsam aus.

Karl	Du, Spiegelberg. Ich werde nach Hause gehen. Mein Vater wird alt. Er hat nur Ärger mit mir gehabt. Ich sollte mich mit ihm versöhnen.
Spiegelberg	Familie, Familie. Bleib hier bei uns in Leipzig. Hier passiert was.
Karl	Ach, was passiert denn schon groß? In Kneipen herumlungern, Randale machen. Das soll ein schönes Leben sein? Alles ist geregelt. Nicht eine Sekunde im Leben, die nicht durch irgendein Gesetz, irgendeinen Erlass haarklein reglementiert wäre.

Schiller im Publikum springt auf, liest seinen Text vor. Die Spieler auf der Bühne wenden sich ihm zu, unterbrechen ihr Spiel.

Schiller	Schwach, schwach. Bei mir sagt Karl: Pfui, pfui über das schlappe Kastratenjahrhundert, zu nichts nütze, als die Taten der Vorzeit wiederzukäuen. Die Kraft seiner Lenden ist versiegen gegangen, und nun muss Bierhefe den Menschen fortpflanzen helfen.
Spiegelberg	Tee, Herr Schiller, Tee.

Die Spieler auf der Bühne lachen, spielen ihr Spiel weiter: trinken, reden, Karten spielen.

Karl	Ja, ich wünschte, ich hätte in der Antike gelebt. Stelle mich vor ein Heer Kerle wie ich, und aus Deutschland soll eine Republik werden, gegen die Rom und Sparta Nonnenklöster sein sollen.

Schiller *im Publikum klatscht, ruft:* Bravo.

Spiegelberg	Puh, Karl. Jetzt geht aber der Schiller mit dir durch.
Karl	Ich will zurück zu meinem Vater, ihn um Verzeihung für mein Lasterleben bitten. Ich habe ihm geschrieben.
Spiegelberg	Und hier ist seine Antwort.

Karl liest, geht ein paar Schritte, lässt den Brief fallen und erstarrt.

Spiegelberg	Was hat ihn so geschockt?

Er liest.

Spiegelberg	Deine Hoffnung ist dir vereitelt. Du sollst hingehen, lässt dir der Vater sagen, wohin dich deine Schandtaten führen.

Leb wohl auf ewig. Ich bedaure dich.
Franz von Moor.
Ein zuckersüßes Brüderchen. In der Tat.
Franz heißt die Kanaille?

Karl — Freunde, Brüder, ich bin am Ende.

Alle Aufmerksamkeit der Spieler richtet sich auf Karl und Spiegelberg. Sie stehen auf.

Spiegelberg — Am Ende? Wir fangen jetzt erst an. Alles ist so eng, so reglementiert hast du gesagt. Jetzt haben wir die Chance herauszukommen. Wir gründen eine Räuberbande, die härteste, die die Welt je gesehen hat.

Alle Spieler *durcheinander:* — Bravo. Tolle Idee. Freiheit. Schluss mit dem Spießerleben. Und Karl wird unser Hauptmann sein.

Karl wird umringt, überzeugt.

Karl — Nun, bei dieser männlichen Rechten, schwör ich euch hier, treu und standhaft euer Hauptmann zu bleiben bis in den Tod. Seid ihr's zufrieden?

Alle — Wir sind's zufrieden.

Musik setzt ein. Szene friert ein. Musik verklingt.

Erzähler 1 — Und Sie, Herr Schiller?

Schiller — Ja, viel Text war von mir.

Erzähler 2 — Aber vierunddreißig Seiten haben wir doch gestrichen.

Ein kleiner Berg aus Toten liegt am Ende der „Räuber" auf der Bühne. Franz hat sich erwürgt. Der alte Moor stirbt, als er von Karl, seinem Lieblingssohn, erfährt, was aus ihm geworden ist. Amalia bittet um den Tod und erhält ihn auch. Die Räuberbande befürchtet, dass nun auch ihr Hauptmann sich das Leben nimmt und sie führerlos werden. Aber Karl stellt sich und verhilft damit einem armen Mann und seinen elf Kindern zu eintausend Louisdore, als Belohnung ausgesetzt dem, der ihn lebendig liefert.

Dieses Ende sollte hinterfragt werden. So erhielt die Bearbeitung zum Vor- auch ein Nachspiel.

Erzähler 1 — Und darüber haben sie sich 1781 aufgeregt, sind ohnmächtig geworden.

Schiller — Jugendliche haben Räuberbanden gebildet, um wie Karl Moor zu leben.

Erzähler 2 Darauf kannst du stolz sein.

Schiller Und wie soll nach euch das Stück enden?

Erzähler 1 Auf jeden Fall nicht so. Mit diesem verqueren Frauenbild.

Erzähler 2 Und heldischen Männervorstellungen.

Erzähler klatschen in die Hände. Ein neues Schlussbild entsteht.

Erzähler 1 Vorschlag A: Karl ergibt sich und Amalia wartet, bis er aus dem Gefängnis herauskommt.

Erzähler 2 Vorschlag B: Amalia vergibt Karl sein Räuberleben, und auch Karl akzeptiert, wie er war.

Ein zweites Schlussbild entsteht.

Erzähler 1 + 2 Oder: Amalia wird Räuberin.

Ein drittes Schlussbild entsteht.

	Genial.
Schiller	Genial? Trivial.
	Euch kann nicht geholfen werden.
Alle	Haben wir euch geholfen?

Die Frage richtet sich natürlich auch an Sie. Das Vor- und das Nachspiel als dramaturgischer Kniff, die Redaktionsarbeit am Beispiel für die Entwicklung einer Szene von der Reduktion zur Spielfassung, war das hilfreich? Ich möchte Ihnen Mut machen, sich auf solche Projekte einzulassen. Sie werden staunen, was sich daraus ergeben kann, wenn zwei Wochen lang Kopf und Bauch sich ganz solchem Sprachunterricht hingeben können. Sie haben gesehen, es ist ein Theater der Armut, was da entsteht. Ein bisschen Stoff, ein bisschen Maske, ein bisschen Musik. Es ist ein Theater, das reich macht, die Beteiligten und die Betroffenen. Um es als Ereignis zu realisieren, braucht es den Alltag des szenischen Lernens.

6.4.5 Projektevaluation

Im Wort Evaluation steckt das lateinische valere, wert sein, und so wird Evaluation meist auch gebraucht: als Bewertung. „Das Problem des traditionellen Fremdsprachenunterrichts besteht darin, dass die Lerner nicht daran interessiert sind, etwas zu lernen, sondern daran, gute Noten zu bekommen“ (Little 1991, 47). Noten entstehen meist durch das Addieren von Fehlern. Fehler sind Abweichungen vom Maßstab vorgegebener Modelle: So wird ein Satz grammatisch richtig aufgeschrieben und gesprochen. Das führt zu einem Lernen im Gleichschritt, zum Lernen als Voranschreiten. Je näher dem Modell des korrekten Satzes, je besser die Note. Noten bewerten, reduzieren Sprachunterricht auf positivistisch Messbares, pervertieren, wenn das Zitat von Little zutrifft. Sprachenlernen aber, verstanden als sekundäre Sozialisation in einem anderen Kulturkreis, so wird es hier verstanden, braucht wie bei jeder gelingenden Sozialisation eine Positivliste. Mit dem Referenzrahmen des Europarates, konkretisiert in den Kann-Beschreibungen, liegt eine solche Positivliste vor. Sie erinnern sich: Kann die Beziehungen der Personen untereinander, kann deren Handlungsmotive verstehen, auch welche biografischen Ereignisse für die jetzige Situation mitverantwortlich sind (s. S. 71). Und sicher erinnern Sie sich auch an das beklagte Fehlen von emotionalen, imaginären und körperlichen Aspekten. Hier ein Vorschlag, die Positivliste fortzusetzen.

Kann sich in eine Person einfühlen,
sich mit seiner Rolle auseinandersetzen,
festgefahrene Rollenmuster auflösen,
in der Situation seiner Rolle denken und handeln,
in einer Szene frei agieren,
originell in seinen Ideen sein,
sich an verabredete Regeln halten,
Text szenisch gestalten,
eine Szene ästhetisch gestalten.

Ersetzen Sie die traditionelle Fremdevaluation durch Noten und lassen Sie an deren Stelle eine Selbstevaluation treten. Sie realisiert die Selbstverständlichkeit, dass Lernen im Lerner stattfindet. Sie werden zum Begleiter dieses Lernprozesses. Fügen Sie darum diesen Kann-Beschreibungen eine Skala sehr gut / gut / weniger gut / noch nicht gut hinzu und lassen Sie jedes Ich zu jedem Kriterium sich selbst einschätzen und die Markierungen zu einem Diagramm verbinden.

Diese Diagramme werden ausgehängt und diskutiert. Geschieht das bei jedem Projekt, entsteht ein Portfolio, das sprachliches Können als individuelles szenisches Handeln dokumentiert, nicht als linearen Pfad, nicht im Gleichschritt. Die eigene Feststellung des sprachlichen Wachsens motiviert die angestrebte sekundäre Sozialisation.

So könnte das aussehen:

Kann	sehr gut	gut	weniger gut	noch nicht gut
sich in eine Person einfühlen	X			
sich mit seiner Rolle auseinandersetzen			X	
festgefahrene Rollenmuster auflösen			X	
in der Situation seiner Rolle denken und handeln		X		
in einer Szene frei agieren				X
originell in seinen Ideen sein	X			
sich an verabredete Regeln halten		X		
Text szenisch gestalten		X		
eine Szene ästhetisch gestalten			X	

Die hier beschriebenen Projekte sahen Literatur nicht als philologisches Denkmal. Der literarische Text bietet anders als der der Lehrwerke eine ästhetische Gestaltung, die Form einer Gattung. Er bietet über seine Imagination eine Auseinandersetzung mit Problemen, mit einer Zeit und einer Epoche und hilft, die eigenen schematisierten Ansichten aufzubrechen, vielleicht sogar loszuwerden. Die mit ihr mögliche Identifikation erleichtert den Eintritt in das übergesetzte Land. Gerade am Beispiel „Der Räuber" lassen sich die historische Bedingtheit der Weltdeutungen und der Lebenshaltungen erfahren und die eigenen Positionen relativieren.

7. Statt einer Zusammenfassung – Ein Märchenprojekt

Sie sind universal. Überall in der Welt werden sie erzählt: Märchen, die Verkleinerungsform des mittelhochdeutschen Maere, was Kunde, Bericht, Nachricht bedeutet. Sie erzählen von unserem Wunschdenken, von glücklichen Lösungen unserer Konflikte, von dem, was uns im Leben wichtig ist, von unserer Sehnsucht nach Liebe und Geborgenheit, von unseren Ängsten. Sie befriedigen unseren Sinn nach Gerechtigkeit: Der Schwache besiegt den Starken. Der Arme wird reich. Der Dümmling gewinnt die Königstochter. Märchen verkünden: Die Welt ist veränderbar.

Überall in der Welt werden Märchen erzählt. Überall, wo in der Welt Deutsch gelernt wird, werden deutsche Märchen erzählt, werden Lieder von ihnen gesungen, werden sie in Schulen als Theaterstücke präsentiert. Deutsche Märchen, das sind fast immer die Märchen der Brüder Grimm.

Was da im Dezember 1812 als Erstausgabe erschien, die Kinder- und Hausmärchen von Jakob und Wilhelm Grimm, hat in der schriftlichen Form eine bislang mündlich weitergegebene Erzählung geprägt, sodass man heute sogar von einer Gattung Grimm sprechen kann.

Zwei Motive bestimmten meine Wahl des Märchens als Stoff für ein die Erkenntnisse des szenischen Lernens zusammenfassendes Projekt.

Da ist einmal das Bild der Sammler und Feldforscher Jakob und Wilhelm Grimm, das zu korrigieren ist. Das Bild ist geprägt von der Zeit der Romantik, die sich allen Formen der Volkspoesie zuwandte. Bei den Grimms waren es wesentlich drei Faktoren: „Das Studium bei dem Rechtshistoriker Carl von Savigny, die folgenreiche Begegnung mit dessen Schwager, dem romantischen Dichter Clemens Brentano, und die gleichsam initialzündende Begeisterung für die romantische Mittelalterrezeption, wie sie ihnen erstmals in den Minnesangbearbeitungen Ludwig Tiecks von 1803 vor Augen trat.“ (Rölleke 2004, 31f.) Intensive Quellenforschung ergab aber, dass die Grimms weniger Feldforscher waren, mehr am Schreibtisch saßen. Ihre Gewährsleute waren nicht die hessischen Bäuerinnen, wie die Grimms das darstellten. Sie waren ausnahmslos hochgebildete Frauen aus gutsituierten Familien, mit denen man sich zu Teekränzchen zu treffen pflegte. Am Schreibtisch entstanden dann sogenannte Märchenformeln wie „Es war einmal“. So haben auch viele der bekannten Märchenverse im Original eine ganz andere Fassung. Sicher, sie haben die Märchen aufgeschrieben, aber gut

ein Drittel aus anderen literarischen Quellen sind ab- oder umgeschrieben, wie sie dachten, dass Märchen sein sollten.
Das zweite Motiv rührt aus der Erfahrung mit Märchenbearbeitungen, weltweit, bei Hospitationen und Schulbesuchen. Märchen werden, um im Bild vom Text als Partitur zu bleiben, Note für Note, Satz für Satz abgespielt. Eine Interpretation unterbleibt, natürlich dann auch eine szenische, mit allem, was dazu gehört. Märchen aber erzählen „mit Hilfe von höchst abstrakten Bildern, wie der Erniedrigte sich am Ende aufzurichten vermag, wie das Unglück nicht als unwiderruflich hingenommen werden muss, sondern überwunden werden kann. Gerade die Abstraktheit der Figurenkonstellation erlaubt eine universale Kombinationsmöglichkeit.“ (Bürger 1971, 43) Szenische Gestaltung muss aber die Abstraktion aufbrechen, die Funktion der Figuren im Märchen zeigen, ihre Konstellationen. Figuren sind dabei meist als Gegensatzpaare angeordnet. Herauszuheben sind die Stilmittel, mit der die lose Folge von Bildern als die klassische Form der Märchen verknüpft werden: Wiederholung und Kontrast.
Beide Motive führen zu einem konkreten Angebot. Zu vier Märchen möchte ich Ihnen in Form einer Lernwerkstatt als Einstieg Material anbieten, Ihr Grimm-Bild und Ihre Märchenrezeption zu überprüfen. Sie passen dann das Material der Sprachkompetenz Ihrer Ichs an und erproben dabei die kennengelernten Verfahren des szenischen Lernens. Aus dem Stoff der Lernwerkstatt erarbeiten Sie dann eine Collage der vier Märchen, wagen damit den Schritt vom Unterrichtsalltag zum Unterrichtsereignis. Auch dazu erhalten Sie ein Modell. Es soll Ihnen zeigen, wie Sie Figurenkonstellationen des Märchens mit Verfahren des szenischen Lernens sicht- und vergleichbar machen können. Ihr Tiefenpotenzial verknüpft sie.

7.1 Lernwerkstatt Märchen

Die vier ausgewählten Märchen präsentieren vier in Märchen immer wiederkehrende Themen. Wir schauen auf die Heldinnen, die Helden in den Märchen und darauf, wie sich das Böse als ihr Gegenüber in ihnen zeigt. Wir fragen nach dem Wald, dem Ort, wo Märchen sehr oft spielen, und nach einem Dingsymbol, dem Gold, um das es im Märchen sehr oft geht. Ausgangspunkt ist immer ein aktuelles Bilderbuch, weil gerade in der Verbindung von Kunst und Literatur der Blick auf Veränderungen geschärft werden kann. Märchen bleiben Texte des Mutmachens.

7.1.1 Heldinnen und Helden

Wortgeschichtlich kommt Held aus dem Griechischen, bezeichnet eine Person, die für andere oder im Namen einer Idee große Taten vollbringt und dabei ihr Leben wagt. Sie vertritt, was in einer Kultur als vortrefflich gilt. In den Märchen ist der Begriff weiter gefasst, ist der Held einer, der sich mit seinen Gaben, zum Beispiel der gestiefelte Kater, für andere einsetzt. Aber auch die Opferrollen, meist sind sie weiblich, wie Schneewittchen, Dornröschen und Rotkäppchen, gehören dazu. Der Begriff nähert sich dem literaturwissenschaftlichen Gebrauch des Wortes als Hauptperson, als Protagonist. Ihre Gegenspieler sind die Antagonisten, die Bösewichter, die die Helden nötig haben, um sich zu beweisen. Interessant ist, dass Märchen, oft als Erziehungsmittel eingesetzt, von diesen Vorzeigeprotagonisten leben, aber als Erziehungsziel das brave Kind haben, das unauffällige. Brav aber hat als Wortwurzel brave, bravo, was im Französischen und Italienischen wacker, unbändig, wild bedeutet. Was der Held des Märchens transportiert, Anarchie und Rebellion, Zustände sind veränderbar, mit Herz und Hand, mit Glück und Verstand gemeinsam auf die Reise zu gehen, verwandelt die Gesellschaft in das, was sie vortrefflich findet. So kommen die Wortgeschichten wieder zusammen.
Ausgangspunkt ist das Bilderbuch „Das Märchen von der Prinzessin, die unbedingt in einem Märchen vorkommen wollte" (Straßer 2010). Es zeigt Ihnen zugleich auf amüsante Weise, wie Sie Ihre zweite Aufgabe lösen können: in einer Collage Märchen miteinander verknüpfen.
Eine sehr kleine Prinzessin in einem sehr kleinen Königreich liest in ihrem dicken Märchenbuch und entdeckt, dass sie darin gar nicht vorkommt. Das will sie ändern, denn sie möchte unbedingt in einem Märchen vorkommen. Sie übt, küsst Frösche, verliert Schuhe, hängt Haare aus dem Fenster.
Jeder Versuch scheitert kläglich. Da hört sie ein schrilles Klingeln. Neugierig schaut sie aus dem Turmfenster. Da radelt ein hübscher Königssohn direkt auf ihr Schloss zu. Das muss die Lösung sein.

Station A

Ein kleiner Narr begleitet die kleine Prinzessin auf all ihren Wegen. Stellt sieben seiner Posen als Standbild nach. Fotografiert es. Klebt die Fotos auf eine Wandzeitung. Schreibt zu jedem Standbild einen Satz. Präsentiert die Wandzeitung nach der Lernwerkstatt im Plenum.

Station B

Sieben Versuche unternimmt die kleine Prinzessin. Welcher hat euch am besten gefallen? Sucht das Original des Märchens im Internet: www.grimmstories.com. Zeigt in einem Tableau vivant die Situation, mit der die Autorin spielt. Fotografiert das Ergebnis. Bringt das Foto zur Diskussion ins Plenum mit.

Station C

Beim Versuch als Dornröschen stellt die kleine Prinzessin fest, dass es nicht so leicht ist, eine Märchenfigur zu werden. Entwickelt einen anderen Vorschlag. Zeigt ihn in einer Collage mit Bildern aus Illustrierten und Zeitschriften. Versucht, so witzig und fantasiereich zu sein wie Susanne Straßer. Präsentiert die Collage nach der Stationenarbeit im Plenum.

Station D

Was muss ich tun, um in meiner kleinen Welt in ein Märchen zu geraten? Entwickelt eine Fotogeschichte mit inszenierten Fotos und präsentiert sie auf einer Wandzeitung.

7.1.2 Das Böse

Wortgeschichtlich vom germanischen bausja kommend, gering, schlecht, ist das Böse ein Gegenbegriff zum Guten. Mit dem Bösen wird eine Kraft bezeichnet, die zum moralisch falschen Handeln antreibt. Im Märchen verkörpern meist Lebewesen das Böse, selten ist es die Natur. Das Böse ist als Gegenspieler notwendig, ermöglicht erst das Heldentum und ist auch nicht ohne Faszination. Durch das Böse entsteht Spannung, der Protagonist braucht den Antagonisten.

Im Märchen ist es oft die Stiefmutter, die das Böse verkörpert. Sie war nicht ungewöhnlich in einer Welt mit hoher Sterblichkeitsrate bei der Geburt und im Wochenbett. So wuchsen viele Kinder mit Stiefmüttern auf, da der Witwer häufig wieder heiratete. Wie daraus aber eine böse Stiefmutter werden konnte ist ein noch nicht geklärtes Phänomen. Auch in dem für das Böse gewählten Märchen „Von dem Fischer und seiner Frau“ (Johnson 2011) scheint, oberflächlich betrachtet, die Frau mit ihren unersättlichen Ansprüchen schuld zu sein, dass sie in ihre elende Hütte zurückkehren müssen. Doch auch der Fischer, introvertiert, wunschlos, ohne existenzielle Unzufriedenheit, ist dafür verantwortlich. Man kann sich seinen Verpflichtungen nicht ungestraft entziehen. Zur Erinnerung:
Ein Fischer, der mit seiner Frau in einer armseligen Hütte lebt, angelt im Meer einen Butt. Er lässt ihn wieder frei, als der ihn um sein Leben bittet, da er ein verwunschener Prinz sei. Seine Frau drängt ihn, zum Butt zurückzukehren, um sich für die geschenkte Freiheit des Fisches ein kleines Haus zu wünschen. Der Wunsch erfüllt sich und führt zu immer größeren: ein Schloss haben wollen und dann auch noch König, Kaiser, Papst zu werden. Der Fischer teilt nicht die Wünsche seiner Frau, beugt sich aber ihrem Willen. Alle Wünsche werden vom Butt erfüllt. Erst als sie dann auch noch fordert, wie der liebe Gott zu werden, werden sie wieder in die alte, armselige Hütte des Anfangs versetzt.
Das Märchen haben die Brüder Grimm 1806 von Philipp Otto Runge übernommen, dem in Hamburg lebenden Maler, der es so in seiner pommerschen Heimat gehört hat. Die Grimms sahen in dieser Fassung ein Modell für ihre Märchenbearbeitungen.

Station A

Der Fischer kommt nach Hause. Er hat nichts gefangen. Füllt die große Denkblase auf der Kopie der Bilderbuchseite mit der ihn erwartenden Ilsebill. Präsentiert euer Arbeitsergebnis im Plenum nach der Lernwerkstatt.

Station B

Reißt aus Zeitungen als Figurinen den Fischer und den Butt. Bei jeder Rückkehr zum Meer hat der Fischer seine Körperhaltung verändert. Präsentiert die fünf Begegnungen auf dem Overheadprojektor.
Bemalt dazu passend Folien als Projektionshintergrund. Sucht für die Präsentation die für euch dazu passende Musik.

Station C
Als Ilsebill auch noch Papst werden will, widerspricht der Fischer. Ja, er weigert sich sogar, zum Butt zu gehen. Er erkennt seine Verantwortung, eine Katastrophe zu vermeiden. Gestaltet in einer kleinen Hörszene diese Auseinandersetzung. Man muss hören, wo sie stattfindet.

Station D
Wohin Maßlosigkeit führt und wie man sie stoppt! Entwickelt dazu eine Fotogeschichte mit inszenierten Fotos, Erzähltexten, Sprech- und Denkblasen. Präsentiert sie im Plenum.

7.1.3 Der Wald

Wortgeschichtlich ist Wald wohl aus dem rekonstruierten indogermanischen wolet hervorgegangen, was dicht bewachsen bedeutet. Und so wird er auch in der Literatur gebraucht, als Topos, als literarischer Gemeinplatz, als Ort, um eine veränderte Seelenlage zu kennzeichnen. Es ist immer der dichte, der wild gewachsene Wald, „in dem die Akteure einer Erzählung eine oft lebensbedrohende Krise ihrer Identität und ihrer bisherigen Lebensverhältnisse durchleben" (Mattenklott 2010). Der literarische Wald ist aber kein Abbild realer Wälder, das aus einer Zeit stammt, als der Wald noch das Landschaftsbild bestimmte. Er war, und ist das dann auch in der Literatur, eine Barriere und Grenze, die es zu überwinden galt. In ihm lauerten Gefahren, die zu bestehen waren. Er wurde zum mythischen Ort. Seine verwandelnde Kraft entspricht dem Übergang zwischen den Stadien des Lebenswegs. „Initiationsriten werden immer nur im Wald vollzogen" (Mattenklott 2010). Im Märchen „Allerleirauh" und im männlichen Gegenstück „Der Eisenhans" wird diese im Wald zu durchlaufende Lehrzeit exemplarisch aufgezeigt. Was wäre das Märchen ohne den Wald?
Ausgangspunkt ist das Märchen „Der Eisenhans", aus der von Klaus Ensikat illustrierten Ausgabe von Grimms Märchen (Ensikat 2010). Siebenunddreißig der zweihundert wurden ausgewählt.

> *„Was diesen Band aber einzigartig macht, das sind die Illustrationen von Klaus Ensikat. Zauberhaft zart und filigran sind die in den Text verstreuten kolorierten Zeichnungen. Ensikats Stärke liegt im präzisen Detail, ob er Gesichter oder Geschirr, Federn oder Fell zeichnet. Ensikats ganzseitige Bilder*

sind dazu höchst dramatisch aufgebaut. Die Dynamik der Bewegung, der Ausdruck von Gesichtern und Gesten, die Tiefe des Raums und vor allem die Komik vieler Szenen – das alles lädt dazu ein, Neues zu entdecken. Und das ist vielleicht das schönste Geschenk, das dieser Band uns macht: Er gibt uns den Grimmschen Humor zurück, den viele Illustratoren hinter Kitsch oder Magie, süßen oder bedrohlichen Bildern versteckt haben.“ (Schwab 2010)

Hier der Inhalt des Märchens: Im großen Wald eines Königs verschwanden nach und nach alle Jäger. Keiner kehrte wieder zurück. Daraufhin ging keiner mehr in den Wald. Bis nach vielen Jahren ein fremder Jäger kommt, der mit seinem Hund den Wald durchstreift. Sie finden die Gefahrenstelle, einen Tümpel, auf dessen Grund ein wilder Mann haust, der Mensch und Tier in die Tiefe zieht. Der Jäger lässt den Tümpel leer schöpfen und nimmt den wilden Mann, den Eisenhans, gefangen. Er wird in einem Käfig im Hof des Königs gefangen gehalten. In diesen Käfig fällt eines Tages der goldene Ball, mit dem der Sohn des Königs spielte. Eisenhans überredet den Sohn, den Schlüssel zu holen und den Käfig zu öffnen. Mit schnellen Schritten geht Eisenhans zurück in den Wald, den Königssohn auf dem Rücken. Er gibt ihm den Auftrag, einen Brunnen zu bewachen. Nichts darf hineinfallen. Dreimal misslingt diese Aufgabe. Eisenhans schickt daraufhin den Königssohn in die Welt. Er soll erfahren, was Armut ist. Doch falls er Hilfe braucht, so will er sie ihm bieten. Bei einem anderen König arbeitet er als Gärtner und verliebt sich in des Königs Tochter. Mithilfe von Eisenhans hilft er dem König, eine Schlacht zu gewinnen und damit auch seine Tochter. Bei der Hochzeit tritt plötzlich Eisenhans in den Saal, als stolzer König mit großem Gefolge. Der Königssohn hat ihn durch seine Taten erlöst.
Robert Bly, der preisgekrönte Lyriker und Rilke-Übersetzer aus New York, nutzt das Märchen als Parabel und wird zum Guru einer neuen Männlichkeit. Neunundneunzig Wochen lang stand sein „Iron John“ an der Spitze der amerikanischen Bestsellerliste.

Station A

Füllt die Sprech- und Denkblasen in der Kopie der Illustration vom „Eisenhans“. Präsentiert eure Arbeit an der Station im Plenum nach der Lernwerkstatt.

Station B

Das Märchen spielt an vielen ganz unterschiedlichen Orten. Versucht, durch Standbilder die Lebensstationen von Eisenhans wiederzugeben. Fotografiert die Standbilder. Benutzt die Fotos, um den Eisenhans in eine Comic-Figur zu verwandeln und aus dem Märchen eine Comic-Fibel zur neuen Männlichkeit zu gestalten. Ergoogelt euch diesen Begriff.

Station C

„Als sie an der Hochzeitstafel saßen, da ging die Tür auf, und der Eisenhans trat mit großem Gefolge herein." Ein Rundfunkreporter berichtet live von der Hochzeit. Gestaltet die Reportage als kleine Hörszene und präsentiert sie im Plenum.

Station D

Entwickelt ein Projekt „Eisengrete". In ihm sollen die folgenden drei Fragen beantwortet werden:

Wer will ich sein? Wie komme ich dahin? Welchen Weg nehme ich? Überlegt die Präsentation des Projektes im Plenum.

7.1.4 Gold

Wortgeschichtlich aus dem Indogermanischen ghel, glänzend, gelb herkommend, wird Gold seit Jahrtausenden für rituelle Gegenstände verwendet. Kein Wunder. Das Edelmetall ist unzerstörbar und damit unvergänglich. Die materielle Sicht wurde übertragen, mit Unsterblichkeit verknüpft. Sein Besitz rückte den Menschen in die Nähe der Götter. Seine Eigenschaften symbolisieren Werte wie Tugend, Ehrlichkeit, Schönheit, Macht. Die Grimmschen Märchen bieten einen Fundus an Goldgeschichten, vom Froschkönig bis zum Rumpelstilzchen, von der Goldmarie bis zum Goldesel.

Es war Hans im Glück, der erkannt hatte, was in James Bonds „Goldfinger" als Todesart benutzt wird: Gold kann den Atem nehmen, zum Ersticken führen. Und das ist die Geschichte:

Hans erhält als Lohn für sieben Jahre Arbeit einen kopfgroßen Klumpen Gold. Schwer an ihm tragend, trifft er einen Reiter und tauscht sein Gold gegen das Pferd. Der Tauschhandel geht weiter.

Für das Pferd erhält Hans eine Kuh, für die ein Schwein, das er für eine Gans eintauscht. Die Gans gibt er für einen Schleif- und einen einfachen Feldstein hin. Die beiden schweren Steine fallen in einen Brunnen, als Hans dort seinen Durst stillen will. Frei von aller Last geht er heim zu seiner Mutter.

Und wie lässt sich das Märchen deuten? Für Marcuse „besitzt man das Glück weder im Gold noch im Schwein noch im Stein. Vieles kann einen glücklich machen, aber kein Gut macht einen glücklich in jeder Beziehung." (Marcuse 1972, 45) Finanziell gesehen ist Hans ein Idiot. Er orientiert sich nicht am Tauschwert, sondern am Gebrauchswert der Dinge. Ja, mehr noch: Er nutzt nicht einmal deren Wert. Er lernt nicht zu reiten, die Kuh zu melken, den Wetzstein zu gebrauchen. Wie ein Kind, das von einer Spiellust in die andere wechselt, so handelt Hans und ist glücklich. Er lebt im Sein, nicht im Haben, wie Erich Fromm seine Existenzweise bezeichnen würde. Hans erkennt nicht, dass alle seine Tauschpartner Gauner sind, nur auf ihren Vorteil aus. Durch sein positives Denken verwandelt sich objektiv Schlimmes in subjektives Wohlbefinden. Am glücklichsten ist Hans, als er gar nichts mehr besitzt. Eine asketische Einsicht. Die Brüder Grimm haben das Schwankmärchen wie so oft aus einer literarischen Vorlage genommen. Hier war es eine Zeitschrift der Spätromantik, die „Wünschelruthe", wo „Hans im Glück" 1818 veröffentlicht wurde. Unser Ausgangspunkt wird eine Comicfassung des Märchens sein (Berner 2008).

Station A

Gebt jeder Person und jedem Tier eine Denkblase. Fühlt euch in die Situation ein und füllt die Blasen mit den Gedanken der Beteiligten. Auch die Schnecke auf dem Weg denkt. Präsentiert euer Arbeitsergebnis im Plenum.

Station B

Hans tauscht seine Kuh nicht gegen das Schwein. Er will lernen, eine Kuh zu melken. Entwickelt fünf Standbilder, die diesen Lernprozess beschreiben. Bei jedem Standbild ist ein Satz zu hören. Die Geschichte muss aber mit einer Überraschung, einer Pointe enden. Präsentiert das Lernen von Hans im Plenum als Ton-Bild-Show.

Station C

Fuchs und Schnecke haben schon das erste Tauschgeschäft von Hans beobachtet, jetzt auch das noch vom Schwein gegen die Gans. Entwickelt für den Fuchs oder die Schnecke eine Szene im Kochlöffeltheater. In ihr wird zu Hause erzählt, was sie erlebt haben. Auch diese Erzählung endet mit einer Pointe.

Station D
Besitz lähmt, nimmt die Luft weg. Schreibt eine Rollenbiografie von jemandem, der das erlebt hat und seine Konsequenzen daraus zog.

7.1.5 Zusammenfassung: Verfahren des szenischen Lernens

In einer Lernwerkstatt zu vier Märchen haben Sie sich in sechzehn Stationen Material erarbeitet, das Ihnen zu einem veränderten Blick auf Märchen verhelfen soll. Zugleich haben Sie Verfahren des szenischen Lernens noch einmal reflektieren können. Passen Sie nun den Inhalt und den Weg der Kompetenz Ihrer Ichs an und Elemente des Märchenprojektes werden zu einem Test im Unterrichtsalltag. Hier eine Zusammenfassung der wichtigsten Verfahren. Sie alle verhelfen zum Einfühlen, zum Einfühlen in Personen und Situationen. Einfühlen, das Zauberwort des szenischen Lernens.

Collage
Aus Fotos, Illustrierten, Zeitungen und Zeitschriften, aber auch Stoffen, Hölzern und anderen Materialien ein neues Bild erstellen. Untergrund für die Klebearbeit kann Papier, Pappe oder Stoff sein. Inzwischen sind Fotocollagen auch mit Computerprogrammen zu erstellen.

Comic
Eine Folge von Bildern, die eine Geschichte erzählen. Die Bilder sind gezeichnet oder Collagen aus Fotos, eigenen oder aus Illustrierten. Hinzugefügt werden ein erzählender Text und Sprech- und Denkblasen. Um eine Geschichte zu erzählen, reicht schon ein A4-Blatt, das in vier oder sechs Felder geteilt wird.

Diashow
Eine Folge von Standbildern, die sich von Bild zu Bild verändern und dadurch eine Geschichte erzählen. Für den Betrachter wird es eine Diaserie, weil er zwischen den Bildern so lange die Augen schließt, bis der Präsentator der Dias von 5 auf 0 gezählt hat. In der Zeit der geschlossenen Augen verändern sich die Standbilder.

Feature
Illustriert akustisch anhand konkreter Beispiele ein Thema. Dabei wird durch kleine Szenen, Zitate, möglichst im Originalton und mit Musik Spannung aufgebaut. Das Feature bewegt sich mit seiner einfachen Sprache zwischen Reportage und Dokumentation.

Figurinen
Verkleinerte Formen von Menschen, Tieren oder Sachen, ausgeschnitten oder ausgerissen aus Papier oder Zeitungen. Mit Figurinen auf dem OHP, bewegt durch ein Holzstöckchen oder ein Stück Draht, lassen sich vorzüglich Geschichten erzählen, besonders auch, wenn durch Transparentpapier der Untergrund farbig gestaltet wird.

Fotos
Mit eigenen Fotos lassen sich Illustrationen ersetzen und dadurch Geschichten neu interpretieren. Angeordnet als Fotogeschichte lassen sich damit auch eigene Geschichten erzählen. Benötigt werden dafür inszenierte Fotos, aneinandergereiht, in denen der Schauplatz, die Personen, ihre Mimik und Gestik und ihre Kleidung bewusst ausgewählt und arrangiert wurden.

Geräuschgeschichten
Auch mit aufgenommenen oder aus dem Internet kommenden Geräuschen lassen sich Geschichten erzählen. Die Mehrdeutigkeit der Geräusche lässt sich einschränken, wenn zu jedem Geräusch ein Satz formuliert und auf einem Papierstreifen aufgeschrieben wird. Die Sätze, richtig zugeordnet, ergeben dann einen Lesetext. Schon mit fünf Geräuschen, also mit fünf Sätzen, kann ich etwas Spannendes erzählen.

Hörszene
Kleine akustische Inszenierung mit verteilten Sprecherrollen, mit Geräuschen und Musik unterlegt. Dazu ist ein Produktionsmanuskript zu erstellen, meist nur im Team zu leisten. In den letzten Jahren hat sich auch der Begriff **Hörstück** etabliert. Darin werden in der Regel Höreindrücke, Stimmungen und Atmosphären vermittelt, also keine Geschichten erzählt. Hörstücke sind dem Feature sehr ähnlich.

Internet

Wichtige Quelle, um an Informationen zu kommen. Wichtig ist dabei, die richtigen Suchwörter zu finden und einzugeben. Neben den Informationen sind auch Bilder und Geräusche dem Internet zu entnehmen.

Interview

Eine Befragung mit dem Ziel, an persönliche Einschätzungen und Sachverhalte zu kommen. Es fordert eine intensive Vorbereitung. Welche Fragen stelle ich? Wie ordne ich meine Fragen? Wie kann ich bei ausweichenden Antworten nachfragen? Wie kann ich Einwände hinterfragen? Was denkt, was fühlt der Befragte bei dieser Frage? Interviews können zur Person, zur Sache oder zur Meinung geführt werden. Die in den Medien geliebte Talkshow als unterhaltendes Interview kann auch als Unterrichtsform gebraucht werden. Hier müssen sich die beteiligten Gesprächspartner über Rollenkarten intensiv vorbereiten.

Kochlöffeltheater

Eine Form des Figurentheaters. Auf Kochlöffel werden ausgeschnittene Kopien von Menschenköpfen oder Tiergesichtern geklebt. Der Stiel des Kochlöffels wird mit einem Stoffrest verhüllt, sodass die den Kochlöffel haltende Hand nicht zu sehen ist. Schnüre und Bänder können das „Kleid“ verzieren. Mit Wollresten lassen sich Haare herstellen und so die Spielfigur vervollständigen. Beim Spiel ist darauf zu achten, dass nur der gerade sprechende Kochlöffel sich bewegt.

Musik

Wichtiges Mittel, um Stimmungen und Gefühle auszudrücken. Darum ist das Suchen von Musik zu einem bestimmten Text auch eine Form der Interpretation des Textes. Und deshalb ist ihre Aufnahme in Features, Hörszenen und Hörstücken ein wichtiges Gestaltungsmittel, um Aussagen zu vermitteln.

Plakate

Wichtiges visuelles Ausdrucksmittel. Frei oder als Collage gestaltet, kann es die Interpretation eines Textes ausdrücken, kann es für einen Text, ein Buch, zum Beispiel als Cover, werben.

Playbackverfahren

In der Musik ist damit das Mischen nacheinander produzierter Einzelaufnahmen gemeint. Im szenischen Lernen versteht man darunter die vorab aufgenommene

Tonaufnahme der Sprecher, eventuell schon gemischt mit Musik und Geräuschen. Dadurch ist es möglich, sich ganz auf das Spiel, das der eigenen Person, das der zu führenden Puppe im Figurentheater oder das der Figurine auf dem OHP zu konzentrieren. Das Verfahren ist als eine Art Karaoke zu verstehen: Ich spiele zu einem parallel vorgegebenen Text.

Reportage

Einfache Berichterstattung vom Ort des Geschehens, zum Beispiel von einem Fußballspiel.
Idealerweise spricht der Reporter, ohne zu werten oder zu kommentieren. Er beschränkt sich auf eine narrative Funktion, spricht überwiegend im Präsens und bewirkt so „Kino im Kopf" der Zuhörer.

Rollenbiografie

Beschreibung eines Lebens, strukturiert durch die Vorgaben des Textes zu einer Person. Was fehlt wird dadurch ergänzt, dass man sich in die Person einfühlt. Die erfundenen Fakten müssen aber stimmig sein mit den vorgefundenen. Die Rollenbiografie wird immer in der Ich-Perspektive geschrieben: Ich bin ...

Schattenspiel

Erzählt eine Geschichte, in der ein Schatten auf eine erleuchtete Fläche geworfen wird.
Traditionell hat das Schattenspiel eine feststehende Lichtquelle und am rechteckigen Schattenschirm geführte Figuren oder spielende Personen. Aber auch durch Figurinen auf dem OHP lassen sich Schattenspiele präsentieren.
Durch Halogenlicht, eine kleine punktförmige Abstrahlquelle, lassen sich sowohl Licht als auch Schattenobjekte im Raum bewegen, denn die Kontur des Schattens bleibt klar, auch wenn die Figur sich vom Schattenschirm wegwendet. Durch das Bewegen der Figur oder der Person im Raum bleibt die Schärfe der Kontur, aber sie wird verzerrt oder überdehnt und ist nicht mehr allein ein Abbild. Es entstehen scheinbar dreidimensionale Schattenbilder. Das mit der Hand geführte Licht wirkt schließlich wie eine Kamera, das Schattenbild wird zur Filmsequenz. Durch den Einsatz von Farb- und Polarisationsfolien erweitern sich die dramaturgischen Mittel des Schattenspiels. Auch hier kann das Spiel vom Erzähler vor der Leinwand getrennt werden.

Standbilder
Entstehen aus einer aus lebendigen Menschen gebildeten und dann erstarrten Figurengruppe. Das Standbild zeigt Personen in einer bestimmten Haltung, sagt etwas zu ihrem Charakter und zu ihrem Verhältnis zueinander. Das Standbild kann auch das sichtbar gewordene Einfühlen in die Situation einer Person ausdrücken. Standbilder sind also eine Form der Interpretation, unabhängig von der Sprachkompetenz. Sie bilden die Grundlage für eine Diashow.

Stimmenskulptur
Auch hier ist der Ausgangspunkt ein Standbild. Von ihm ausgehend, entsteht ein Chor von Spielern, der die Gedanken der Figuren im Standbild ausdrückt. Eine Hand wird jeweils auf die Schulter des Spielers gelegt, der den neuen Gedanken ausgelöst hat. So entstehen Gedankenketten, die immer wieder aufgerufen werden können. Das geschieht nacheinander, auch wiederkehrend, manche auch gleichzeitig: Ein Konzert aus unterschiedlichen Sätzen entsteht. Eine Person führt Regie.

Tableau vivant
Visualisiert als lebendes Bild ein Thema, eine Situation. Dabei addieren sich viele Standbilder zu einem Gesamtbild.

7.2 Theatercollage durch die Gattung Grimm

Aus dem Stoff der Lernwerkstatt zu den vier Märchen lade ich Sie nun ein, eine Theatercollage zu entwickeln. In den nachfolgenden Szenen, als Modell gedacht, geht es darum, dass eine Person mit ihrer Rolle in einem Märchen nicht zufrieden ist. Jakob und Wilhelm Grimm bieten Alternativen.

Wenn ich Doktor Allwissend wäre
Vorspiel
Artisten treten auf, dehnen und strecken sich, erproben kleine Kunststücke. Dazu kommen Jakob und Wilhelm Grimm, als Flachpuppen, von zwei Spielern geführt. Franz Schuberts Klaviertrio Es-dur, D 129 erklingt. Die Grimms verwandeln die Artisten in Märchenfiguren. Eingefrorene Standbilder entstehen. Auf ein Zeichen der Grimms tauen sie nacheinander auf, spielen ihre Szene und frieren wieder ein. Ein Skulpturenpark von Märchenfiguren entsteht.

Müller Ich habe eine Tochter, die kann Stroh zu Gold spinnen.

König Das ist eine Kunst, die mir gefällt.
Bringe deine Tochter morgen auf mein Schloss.
Ich will sie auf die Probe stellen.

Drechsler Es gibt Merkwürdiges in der Welt.
Ich kenne ein Tischleindeckdich.
Ich kenne einen Goldesel.
Alles nichts gegen den Schatz, den ich in meinem Sack führe.

Wirt Was in aller Welt mag das sein?
Den Sack möchte ich auch haben,
denn aller guten Dinge sind drei.

Stiefmutter Hast du gehört, was deine Schwester getan hat
und wie sie so reich beschenkt wurde?

Die Faule Das Brot aus dem Ofen ziehen?
Ich habe keine Lust, mich schmutzig zu machen.

Zauberin Wie kannst du es wagen, in meinen Garten zu steigen
und wie ein Dieb mir meine Rapunzeln zu stehlen?

Mann Lasst Gnade vor Recht ergehen.
Meine Frau ist schwanger.
Sie hat eure Rapunzeln aus dem Fenster erblickt.
Sie meinte, sterben zu müssen, wenn sie nicht davon zu essen bekäme.

Frau Hör, Mann, das Häuschen ist doch eng, und der Hof und der Garten klein. Ich möchte wohl in einem großen, steinernen Schloss wohnen.

Fischer Nein, der Butt hat uns erst das Häuschen gegeben, ich mag nicht gleich wieder kommen. Den Butt könnte das verdrießen.

Frau Geh doch! Er kann das recht gut und tut es auch gern.
Geh hin!

Königin Spieglein, Spieglein an der Wand,
wer ist die Schönste im ganzen Land?

Spiegel Frau Königin, Ihr seid die Schönste hier,
aber Schneewittchen ist tausendmal schöner als Ihr.

Musik verklingt.

Szene 1

Jakob	Es ist immer der Neid und die Unzufriedenheit, worüber sich die Leute Geschichten erzählten.
Wilhelm	Sie hofften, dass es ihnen einmal besser ging.
Jakob	Und wir haben aufgeschrieben, was sie sich erzählt haben.
Wilhelm	Na ja, aufgeschrieben? Mehr abgeschrieben. Immerhin kommt ein Drittel von anderen.
Jakob	Und umgeschrieben. Wie wir halt dachten, dass Märchen sein sollten.

Alle Märchenfiguren stürzen sich auf die Grimms.

Stimmen	Gemein. Ich bin nicht das Original? Ich bin nicht von der Bäuerin aus Hessen? Der Märchenton, der ist von dir, Wilhelm? „Es war einmal" ist auch von dir? Auch „So leben sie noch heute"? Alles kein Original? Von euch gemacht? Gemein.
Krebs	Und wo hast du mich her?
Jakob	Ach, ja, der Doktor Allwissend.
Wilhelm	Die Geschichte hat uns doch die Viehmann erzählt, die Bäuerin aus Niederzwehren, heute ein Teil von Kassel. Ihr Vater hatte ein Wirtshaus. Das ist heute noch von der Autobahn zu sehen. Da hat sie in der Gaststube viele Geschichten gehört.
Jakob	Von den Kaufleuten, den Handwerksburschen und Fuhrleuten. Die hatten ja immer viel zu erzählen. Und die Dorothea hatte ein fabelhaftes Gedächtnis. Sie konnte ihre Märchen immer wieder wortgetreu erzählen.

Wilhelm Deine Geschichte, Bauer Krebs, muss von einem Italiener kommen. Es ist eine Geschichte, die einer vor fünfhundert Jahren in Venedig aufgeschrieben hat. Einer der ersten Märchensammler Europas: Giovan Francesco Straparola.

Szene 2

Jakob Es war einmal ein armer Bauer namens Krebs, der fuhr mit zwei Ochsen ein Fuder Holz in die Stadt und verkaufte es für zwei Taler an einen Doktor.

Während Jakob den Märchenanfang spricht, geht Krebs hinter die Schattenleinwand, wo Diener hin- und hergehen und ein prächtiges Essen andeuten. Musik erklingt. Am Tisch wendet sich der Doktor mit einer fragenden Geste Krebs zu. Alle anderen Spieler haben sich zu Füßen der Grimms gesetzt und schauen auf das Spiel der Schatten im gelben Licht.

Doktor Zwei Fuder Holz. Danke. Jetzt kann der Winter kommen.

Krebs Ich musste schon zweimal fahren mit meinen Ochsen. Und doch: Es wird nicht reichen. Der Winter hat erst begonnen.

Doktor Dann bringst du halt noch einmal zwei Fuhren.
Und kriegst wie jetzt für jede Fuhre einen Taler.

Krebs Danke, Herr Doktor, danke. Ja, Doktor müsste man sein.
Sich einfach das Holz bringen lassen
und es nicht im Wald selbst schlagen müssen.
Auch das Essen: bringen lassen.
Nicht die Kartoffeln selbst legen und ernten müssen,
kochen, schälen. Das Gemüse putzen, garen.
Und Fleisch? Vielleicht einmal im Monat.
Wein? Dreimal im Jahr.

Doktor Armer Bauer Krebs. Unzufrieden? Neidisch?
Dann werde doch auch Doktor.
Das geht schnell.

Krebs Was muss ich tun?

Doktor und Krebs treten aus dem Schattenbild, kommen auf die Bühne.

Doktor Erstens: Du kaufst dir ein ABC-Buch.
So eins, wo ein Gockelhahn drin ist.
Zweitens: Du verkaufst deinen Wagen und deine zwei Ochsen. Von dem Geld kaufst du dir Kleider und was sonst zur Doktorei gehört.

Drittens: Lass dir ein Schild malen mit den Worten:
Ich bin Doktor Allwissend.
Nagle es über deine Haustür.

Musik verklingt.

Die Spieler zu Füßen der Grimms stehen auf, umkreisen Krebs und den Doktor, tanzen über die Bühne, sprechen.

Chor Kleider machen Leute.
Titel sind Geläute
für die dumme Meute.
Eine leichte Beute
für Doktor Allwissend,
für die kluge Gretel.

Jakob Ja, Wilhelm, frech muss man sein,
dann ist man stark.

Wilhelm Oder, Jakob: Stark muss man sein,
dann wird man frech.

Die Spieler gruppieren sich zu kleinen Diskussionsrunden.

Stimmen Die Gier nach Geld, die hat auch den Bauer Krebs getrieben.
Wenn ich Krebs gewesen wäre, hätte ich auch den Wagen und die Ochsen verkauft.
Ich nicht. Viel zu riskant.
Wenn ich Doktor gewesen wäre, hätte ich ihm einen anderen Rat gegeben.
Zufrieden zu sein mit dem, was man ist, mit dem, was man hat.
Ich schon. Mut machen, Neues zu versuchen.

Jakob Das passiert in den Schwankmärchen. Das sind richtige Mutmachmärchen.

Wilhelm In ihnen gewinnt der Held das Glück nicht durch Wunder, durch Zauber. Es ist sein Mut, wegzugehen, etwas Neues zu wagen.
Glück und Verstand, Kopf und Herz helfen, sich selbst zu verwirklichen.

Jakob Zum Beispiel unser Bauer Krebs.
Er hört, wie auch er reich werden kann.

Krebs Wie hast du geschrieben? Der Doktor tat das alles und dokterte ein wenig herum.

	Warum habe ich nicht auch ein Glas Wasser bekommen, mit dem man sehen konnte, wo der Tod steht? Herumdoktern! Zu sagen, ob ein Kranker gerettet werden kann, damit wird man berühmt.
Jakob	Du kannst doch nicht einfach in ein anderes Märchen wollen, in ein Märchen, das uns die Amalie Hassenpflug erzählt hat.
Wilhelm	Schau mal, ob dir das besser gefällt.

Szene 3

Auf der Schattenleinwand wird in blauem Licht das Märchen „Der Herr Gevatter" gespielt. Musik erklingt. Krebs bleibt bei den Grimms stehen, die anderen Spieler lagern sich wieder zu ihren Füßen.

Mann	Ach, wieder ein Kind. Wer kann jetzt noch Pate werden? Moment mal. Was habe ich heute Nacht geträumt?

(...)

War es in dieser Szenenfolge eine Person, die, unzufrieden mit ihrer Rolle, unbedingt in ein anderes Märchen wollte, könnte das Gemeinsame der in der Lernwerkstatt vorgestellten Märchen ein Requisit sein: der goldene Ball, der immer neu in ein Märchen rollt, zur Kugel, zum Goldklumpen wird, sich in gefundene Prinzen verwandelt, im Glück einer Hochzeit endet. Oder im Nichts. Ein Titel könnte sein: Am Golde hängt es, zum Golde drängt es. So jammert Margarete in Goethes „Faust". In dieses Lied könnten auch Jakob und Wilhelm Grimm einstimmen, wenn sie von der Unzufriedenheit und der Gier der Menschen erzählen. Ilsebill wäre die Warnung vor unserem heutigen Lebensprinzip, dem Habenwollen. Hans im Glück böte dann das Gegenstück. Ihre Collage könnte die Zuschauer nachdenklich entlassen. Hat Hans tölpelhaft sein Glück verspielt, die Gaben seines Schicksals nicht genutzt? Hat Hans mutig das losgelassen, was ihn immer wieder konfliktuös belastet hat?

Schlusswort

„Ach, das Meiste ist doch hundsgewöhnlich." Mit diesem Vers hat Sie das Buch empfangen. War es das, was Sie bis hierher gelesen haben? Ich hoffe sehr, dass Sie die zweite Strophe mitsprechen: „Anderes jedoch ist sehr erstaunlich." Das Besondere im Gewöhnlichen, das szenische Lernen im Alltag des Unterrichtens, das sollte nicht nur durch Ihren Kopf gehen, das sollte dort einen Platz gefunden haben. Vielleicht könnte daraus dann tatsächlich ein Plural entstehen, in vielen Köpfen ein Synapsensturm entfacht werden, der das Hundsgewöhnliche zum Höchsterstaunlichen frei bläst.

Dank dieser Köpfe könnte das Lernen einer anderen Sprache anders werden.

Ich hoffe auf Verbündete. Hier ein Knoten im vielleicht entstehenden Netz:

kirsch.dieter@gmx.de

Texte

Arp, Hans: Sekundenzeiger

Baltscheit, Martin: Die Geschichte vom Fuchs, der den Verstand verlor

Busch, Wilhelm: Max und Moritz

Fontane, Theodor: John Maynard

Fuchshuber, Annette: Karlinchen

Gernhardt, Robert: Der Raum so hell

Guggenmos, Josef: Auf einem Markt in Bengalen

Hekaya: Die Geschichten des Nasreddin Hodscha, Ich habe das Rezept

Herfurtner, Rudolf: Der wasserdichte Willibald

Janisch, Heinz: Bärensache

Maar, Paul: Anne will ein Zwilling werden

Morgenstern, Christian: Das Gruselett

Schiller, Friedrich: Die Räuber

Schössow, Peter: Gehört das so???!

Schubiger, Jürg: Anderes jedoch

Spohn, Jürgen: Die kleine Kuh

Turrini, Peter: Was macht man, wenn ... ein Löwe daherkommt?

Wölfel, Ursula: Die Geschichte vom verlorenen Husten

Literaturverzeichnis

Andersen, Marianne Miami (1996): Theatersport und Improtheater. Planegg: Impuls/Buschfunk

Arp, Hans (1963): sekundenzeiger, in: worttraume und schwarze sterne. auswahl der gedichte aus den jahren 1911–1952. Wiesbaden: Limes Verlag

Baltscheit Martin (2013): Die Geschichte vom Fuchs, der den Verstand verlor. München: ars edition, 6. Aufl.

Benjamin, Walter (1977): Der Erzähler, in: Gesammelte Schriften, Bd. II, 2. Frankfurt: Suhrkamp (srw 932), S. 438–465

Berner, Rotraut Susanne (2009): Berners Märchencomics. Berlin: Verlagshaus Jacoby & Stuart

Bichsel, Peter (1997): Es gibt nur eine Sprache, in: Praxis Deutsch, Heft 144, S. 5

Blei-Hoch, Claudia (2006): Keine leichte Kost (mehr), in: 1000 und 1 Buch, Das Magazin für Kinder- und Jugendliteratur, Heft 1

Boal, Augusto (1989): Theater der Unterdrückten. Frankfurt: Suhrkamp Verlag

Bürger, Christa (1971): Die soziale Funktion volkstümlicher Erzählformen – Sage und Märchen, in: Heinz Ide, Hg., Projekt Deutschunterricht, Band 1. Stuttgart: Metzlersche Verlagsbuchhandlung

Dufeu, Bernhard (2003): Wege zu einer Pädagogik des Seins. Mainz: Editions Psychodramaturgie

Einsiedler, Wolfgang (1991): Das Spiel der Kinder. Bad Heilbrunn: Verlag Julius Klinkhardt

Ensikat, Klaus (2010): Grimms Märchen. Berlin: Tulipan Verlag

Feldhendler, Daniel (1989): Das lebendige Zeitungstheater, in: Addison, Anthony und Klaus Vogel, Hg.: Gesprochene Fremdsprache. Bochum: AKS Verlag, S. 119–140

Feth, Monika und Angelika Kehlenbeck (2008): Der kleine Gedanke. Köln: Boje Verlag

Fontane Theodor und Tobias Kreitschi (2008): John Maynard. Berlin: Kindermann Verlag

Fuchshuber, Annette (1995): Karlinchen. Wien: Annette Betz Verlag

Gernhardt, Robert (1976): Mit dir sind wir vier. Frankfurt: Insel Verlag

Glaboniar, Manuela u. a. (2002): Profile deutsch. Gemeinsamer europäischer Referenzrahmen. Berlin/München: Langenscheidt

Guggenmos, Josef (2006): Groß ist die Welt. Weinheim/Basel: Beltz & Gelberg Verlag

Haehnel, Gerd und Florian Söll (2008): Menschen – Schattenspiel. Szenische Ideen zu Musik, Literatur und Kunst. Rum/Innsbruck/ Esslingen: Helbling

Hagège, Claude (1996): L'enfant aux deux langues. Paris: Odile Jacob

Heidelbach, Nikolaus (1995): Märchen der Brüder Grimm. Weinheim/Basel: Beltz & Gelberg Verlag

Herfurtner, Willibald (2002): Der wasserdichte Willibald. München: Deutscher Taschenbuch Verlag

Hofmannsthal, Hugo von (1979): Max Reinhardt, in: Gesammelte Werke, Reden und Aufsätze, Band 2. Frankfurt: Suhrkamp Verlag

Hunfeld, Hans (2004): Fremdheit als Lernimpuls. Meran: ALPHA BETA Verlag / Klagenfurt: DRAVA Verlag

Iser, Wolfgang (1976): Der Akt des Lesens. München: Fink Verlag

Janisch, Heinz (2008): Bärensache. Illustriert von Daniela Bunge, Helga Bansch und Manuela Olten. Zürich: Bajazzo Verlag

Johnson, Uwe (2011): Von dem Fischer und seiner Frau. Rostock: Hinstorff Verlag

Kirsch, Dieter und Theo Scherling (1996): Anna, Schmidt & Oskar 2. Ein Fernseh- und Videosprachkurs für Kinder. München: Goethe-Institut

Kirsch, Dieter (2008): Die Haarbeutel. Zirkusspiel zu Leben und Werk von Wilhelm Busch. Seehausen: Manuskriptfassung

Kirsch, Dieter (2011): Vom Handwerk des szenischen Lernens, in: ÖDaF-Mitteilungen, Heft 1, 2011, S. 21–26

Kirsch, Dieter (2011): Der Zweikampf. Nach einer Novelle Heinrich von Kleists. Seehausen: Manuskriptfassung

Kirsch, Dieter (2011): Gazpacho. Kaspertheater. Seehausen: Manuskriptfassung

Krenn, Wilfried und Herbert Puchta (2008): Ideen. Deutsch als Fremdsprache, Kursbuch 1. Ismaning: Hueber Verlag

Knoedgen, Werner (1990): Das Unmögliche Theater. Zur Phänomenologie des Figurentheaters. Stuttgart: Verlag Urachhaus

Little, David (1991): Definitions, Issues and Problems, Learner Autonomy, zitiert bei Werner Bleyhl, Leistung und Leistungsbeurteilung, in: Christoph Edelhoff, Hg. (2001): Neue Wege im Fremdsprachenunterricht. Hannover: Schroedel Verlag, S. 38–46

Maar, Paul (1982): Anne will ein Zwilling werden. Hamburg: Oetinger Verlag

Malmedy, Carlos (2010): Das Spiel mit Licht und Schatten, in: Schultheater, 3, S. 20 ff.

Marcuse, Ludwig (1972): Philosophie des Glücks. Zürich: Diogenes Verlag

Mattenklott, Gundel (2010): Magische Wälder, in: 1000 und 1 Buch, November 2010

Metzinger, Thomas (2010): Der Ego-Tunnel. Eine neue Philosophie des Selbst: Von der Hirnforschung zur Bewusstseinsethik. Berlin: Berlin Verlag

Moreno, Jakob Levy (1924): Das Stegreiftheater. Berlin: Gustav Kiepenheuer Verlag

Morgenstern, Christian (1987): Alle Galgenlieder. Zürich: Diogenes Verlag

Neuner, Gerhard, Hg. (2008): deutsch.com 1. Kursbuch. Ismaning: Hueber Verlag

Niebisch, Daniela, u. a. (2006): Schritte 1 international. Kursbuch + Arbeitsbuch. Ismaning: Hueber Verlag

Papst-Weinschenk, Marita (2001): Mit dem Körper die Stimme zum Klingen bringen. Ein Stimm-dich-Pfad, in: Praxis Deutsch, Heft 166, S. 14 ff.

Pausewang, Gudrun (1982): Der Laßmich, in: Die Prinzessin springt ins Heu. Modautal-Neunkirchen: Anrich Verlag

Prinz, Wolfgang (2010): Die soziale Ich-Maschine, in: DIE ZEIT, Nr. 24 v. 10. 6. 2010, S. 37

Reich, Kersten (2008): Konstruktivistische Didaktik. Weinheim: Beltz Verlag

Reusch, Rainer (1991): Die Wiedergeburt der Schatten. Zur gegenwärtigen Situation des internationalen Schattenspiels. Schwäbisch Gmünd: Einhorn Verlag

Roeder, Caroline, Hg. (2009): Ich! Identität(en) in der Kinder- und Jugendliteratur. kjl&m 09 extra. München: Kopaed Verlag

Rölleke, Heinz (2004): Die Märchen der Brüder Grimm. Eine Einführung. Stuttgart: Reclam Verlag (RUB 17650)

Rölleke, Heinz (2004): Grimms Märchen und ihre Quellen. Trier: WVT Wissenschaftlicher Verlag

Roth, Gerhard (2011): Bildung braucht Persönlichkeit – Wie Lernen gelingt. Stuttgart: Klett-Cotta Verlag

Scheller, Ingo (2004): Szenische Interpretation. Seelze-Velber: Kallmeyersche Verlagsbuchhandlung

Schiller, Friedrich (2001): Die Räuber. Stuttgart: Reclam Verlag (RUB 15)

Schneider, Wolfgang und Dieter Brunner, Hg. (1994): Figurentheater. Das Theater für Kinder? Frankfurt: Wilfried Nold Verlag

Schössow, Peter (2005): Gehört das so???! München: Carl Hanser Verlag

Schubiger, Jürg (2010): Der Wind hat Geburtstag. Wuppertal: Peter Hammer Verlag

Schwab, Sylvia (2010): Grimms Märchen, in: Deutschlandradio Kultur v. 24. 12. 2010

Schwerdtfeger, Inge (1993): Die Rolle der Narrativität für den Fremdsprachenunterricht, in: Kirsch, Dieter: Das Narrative als ein Weg frühen Fremdsprachenlernens, HFS, Bd. 6, Kap. 17.3.1. München: Goethe-Institut

Siefer, Werner und Christian Weber (2006): Ich. Wie wir uns selbst erfinden. Frankfurt/New York: Campus Verlag

Sommer, Brigitte (1999): Kinder mit erhobenem Kopf. Kindergärten und Krippen in Reggio Emilia. Neuwied/Berlin: Luchterhand Verlag

Spinner, Kaspar (1980): Identität und Deutschunterricht. Göttingen: Vandenhoeck & Ruprecht Verlag

Spitzer, Manfred (2003): Medizin für die Pädagogik, in: DIE ZEIT, Nr. 38 v. 18. 9. 2003, S. 42

Spohn, Jürgen (1980): Die kleine Kuh, in: Drunter & Drüber. München: C. Bertelsmann Verlag

Steinmann, Peter Klaus (1989): Figurentheater – Totales Theater, in: Manfred Wegner, Hg.: Die Spiele der Puppe, S. 215–229. Köln: Prometh Verlag

Stieger, Peter und Liliane Steiner (2005): Die Wunder-Plunder-Maschine. Zürich: Orell Füssli Verlag

Straßer, Susanne (2010): Das Märchen von der Prinzessin, die unbedingt in einem Märchen vorkommen wollte. Rostock: Hinstorff Verlag

Thalmayr, Andreas (2004): Lyrik nervt. Erste Hilfe für gestreßte Leser. München: Carl Hanser Verlag

Thiele, Jens, Hg. (1991): Neue Erzählformen im Bilderbuch. Oldenburg: Verlag Florian Isensee

Turrini, Peter (2009): Was macht man, wenn ... Ratschläge für den kleinen Mann. Wien: Annette Betz Verlag

Waldmann, Günther (1998): Produktiver Umgang mit Literatur im Unterricht. Grundriss einer produktiven Hermeneutik. Baltmannsweiler: Schneider Verlag Hohengehren

Welsch, Wolfgang (1993): Ästhetisches Denken. Stuttgart: Reclam Verlag

Werning, Rolf (1998): Konstruktivismus. Eine Anregung für die Pädagogik, in: Pädagogik, Heft 7–8, S. 40f.

Wiesner, David (2002): Die drei Schweine. Hamburg: Carlsen Verlag

Wölfel, Ursula (2006): Die Geschichte vom verlorenen Husten, in: Das Schnupfengespenst. Fünf-Minuten-Geschichten für kranke Kinder. Freiburg: Verlag Herder